《文心雕龙》与公文写作

薛强 著

科学技术文献出版社
SCIENTIFIC AND TECHNICAL DOCUMENTATION PRESS

·北京·

图书在版编目（CIP）数据

《文心雕龙》与公文写作 / 薛强著. —北京：科学技术文献出版社，2020.10（2024.12重印）

ISBN 978-7-5189-7229-6

Ⅰ.①文… Ⅱ.①薛… Ⅲ.①公文—写作 Ⅳ.① H152.3

中国版本图书馆 CIP 数据核字（2020）第 200610 号

《文心雕龙》与公文写作

策划编辑：丁芳宇　责任编辑：王　培　责任校对：张永霞　责任出版：张志平

出 版 者	科学技术文献出版社	
地　　址	北京市复兴路15号　邮编　100038	
编 务 部	（010）58882938，58882087（传真）	
发 行 部	（010）58882868，58882870（传真）	
邮 购 部	（010）58882873	
官方网址	www.stdp.com.cn	
发 行 者	科学技术文献出版社发行　全国各地新华书店经销	
印 刷 者	北京虎彩文化传播有限公司	
版　　次	2020年10月第1版　2024年12月第3次印刷	
开　　本	880×1230　1/32	
字　　数	76千	
印　　张	5.625	
书　　号	ISBN 978-7-5189-7229-6	
定　　价	40.00元	

版权所有　违法必究

购买本社图书，凡字迹不清、缺页、倒页、脱页者，本社发行部负责调换

自 序

　　自 2002 年参加工作以来，公文写作一直伴随左右，经历了学习、实践、反思、再学习、再实践、再反思的不断往复，感觉仍然是在学写公文的过程之中。2020 年伊始，突如其来的新冠肺炎疫情，客观上创造了"足不出户"的机会，多了些翻翻书、想想事的时间，或许这才有了写这本书的机缘巧合。

　　初春时节，无意间想起"非典"时还在乡里挂职，想起那段时间初次尝试写公文，工作计划、阶段总结、情况报告、汇报发言等皆有涉猎，也感受到题目难定、开头难写、无话可说、推倒重来的各种艰辛，特别是理工科毕业生初读《文心雕龙》时遇到的窘境：打算通读全篇，却是三两句就有不认识的字；打算查准字义，却是整段全篇不得其要领；打算只看译文，却又失去了音韵格律的美感，加之当时没有网络，只能靠

《文心雕龙》与公文写作

一本《新华字典》，尽管坚持把书看完了，但收获十分有限。

此番再看《文心雕龙》，突发奇想，能否将其中的观点与公文写作联系起来，也借此将我学写公文的感受梳理一下。选择了中华书局1986年版、周振甫先生所著的《文心雕龙今译》，由易入难，从创作论开始，选了二十几篇重读，并结合公文写作的实践，谈谈粗浅体会。写到七八月间，又翻出了当初几年写的公文，从中挑了五篇，稍加自评，以此作为成长的记忆点。

去年11月，曾去瑞典参加培训，其间从斯德哥尔摩赴乌普萨拉大学途中，填了一首《醉花阴》，摘于此，以为自序。

朔风晨雨江霏碧，涓滴冰洋启。

片雪覆樱尖，墨染层林，乌普学堂泹。

锦繁道简寻宗秘，襟守苍生计。

长夜对虚空，求索癫狂，百淬终归赤。

2020年8月

目 录

一、偶读与序志 1

二、总术与恒数 5

三、神思上知虚静 10

四、神思下守博一 15

五、体性与凝真 21

六、风骨与道峻 27

七、通变与因革 33

八、定势与骋节 39

九、情采与核心观点 45

十、熔裁与表意详略 51

十一、物色与调研报告 56

十二、声律与讲话稿 64

十三、章句与结构逻辑 69

《文心雕龙》与公文写作

十四、丽辞上与"四对" ………………………… 76

十五、丽辞下与"四相" ………………………… 81

十六、事类与公文引用 …………………………… 86

十七、比夸隐三篇与形意兼修 …………………… 94

十八、练字与指瑕 ………………………………… 100

十九、附会 ………………………………………… 107

二十、养气 ………………………………………… 114

自写自评一：《发展西部地区经济应重点解决的问题》…. 120

自写自评二：《学白衣战士抗"非典"，做好挂职各项

     工作》………………………………………… 129

自写自评三：《第七期青年干部培训班工作总结》

     （节选）……………………………………… 138

自写自评四：《乡级财政路在何方》…………………… 152

自写自评五：在纪念抗日战争胜利六十周年上的发言 …… 160

后 记 ……………………………………………… 173

一、偶读与序志

重读《文心雕龙》,事出巧合。年逾不惑,忽然感到过往读过的好多书都没了印象,见面忘名,提笔忘字,躬行忆深,纸上觉浅,思来想去,总觉着应该多读读书。不过苦于没想好选题,也就偶尔随手翻翻。

新冠肺炎之困,多日未曾出门,一时兴起收拾,冥冥之中找到此书,难得闲看两篇,竟有恍然大悟之感。想起十七年前"非典"肆虐时,曾在挂职的乡里看过一遍,无奈水平有限,因而主要精力放在了查查生僻字、体会一下文中的意境,偶尔模仿其中的一些章法,写写随笔,从未想过此书与公文写作的关联。

《文心雕龙》与公文写作

此后没有重读,即便在公文起草中遇到诸多困惑时,竟也没想起再到其中寻觅破解之法。

今时想来,初读因为少了实践积累,更多地关注文字和内容本身,对其中的道理和经验毫无真切的感受;历经一番迷茫、懵懂、颠覆、碰撞之后,再入书中景象,才体味出些许滋味。

《文心雕龙》的评价诸多,作者刘勰(字彦和),也入《梁书·刘勰传》,足见不凡之处。仅其篇章布局,《序志》置于末篇,确实有些新意,以"赞曰"为管窥,试求全豹。

生也有涯,无涯惟智。逐物实难,凭性良易。
傲岸泉石,咀嚼文义。文果载心,余心有寄。

谈及公文写作,抛开文种、体例、格式等给定要件的因素,针对表达的主题、思想、信息而言,其实应和了"智"的内涵,意即探究和传递诸多智慧、知识。如果从做学问、搞研究的角度看,对无限知识和未知

一、偶读与序志

世界的探索,必然与生命的时空限度矛盾,而所谓生命的延续,也正是基于对"无涯"的追求。以无穷来绵延传承,正是"写"的出发点。

公文写作的落脚点,就是明知"逐物"的万般不易,却也不能真的就"凭性"而为,更难做到隐居山林去咀嚼。这不是说公文不需要思考、讨论和精雕细刻,而是要以发现和解决实实在在的问题为关键,准确、全面地把握大势走向,精准、有效地传递信息,文字上的最基本要求是通俗、无歧义。

当然,在调研之类的报告中,还是给了执笔者相当的空间,能够有机会"载心",而最终成为治国理政的重要文件内容时,也可以感受到笔者的报国之心。

序言写在文末,虽然无法确知彦和先生实际的写作次序,但凭空认为若此篇真的是在全书成文之后撰写,不失为对初学公文者的一个启示。如果无法对大量素材拿捏精准的话,莫不如"随心所欲",可先分纲编目,化整为零,梳理出有用的素材简单归纳,之后再系统梳理，形成大致的结构与框架，最终成稿。此法或许是权宜之计，由浅入深，逐渐掌握要领，或能避免欲速不达、急于求成之惑。

（写于 2020 年 3 月 19 日）

二、总术与恒数

以古鉴今，首思其理，渐品其妙，融会贯通。彦和先生所著，毕竟成文久远，且所涉文章种类众多，如今仅从公文写作角度去探寻奥秘，更需辨识变通。

《文心雕龙》分四论，依次为总论、文体论、创作论、文学评论，其中与公文写作更有直接关联的，当是创作论。此部分按原作的顺序，共十九篇。周振甫先生提出文学评论中的《物色》篇也应属创作论，如此就是二十篇。恰如全书的序言在最末，创作论的最后一篇《总术》其实也是这般角色。

其赞曰：

《文心雕龙》与公文写作

> 文场笔苑，有术有门。
> 务先大体，鉴必穷源。
> 乘一总万，举要治繁。
> 思无定契，理有恒存。

古往今来，经史子集，撰文写作，实有一定之规，特别是方法论的维度，总还是找得到内在规律。公文写作当然也"有术有门"，若能提纲挈领，先有对全局的判断，就会相对容易形成逻辑主线和思路框架，之后再去收集材料和分析凝练，大体上写出来的效果尚可，如辅之对文字打磨雕琢，在细节中更精准，在表达上更贴切，佳作也并非都是天成。

术有恒数，按部整伍，以待情会，因时顺机，动不失正。恒数、情会、时机，确实可算作是做文章的关键因素，于公文写作来看，"恒数"是比较明确的，毕竟公文的基本要求是有比较详细的规定，而且每件公文起草时，也基本确定了需要表达的内容和形式。在"情会"和"时机"的理解上，不能简单从写作者的角度去看待，更多的是要看公文立意的背景和情势，

二、总术与恒数

要从受众者的视角去感受和判断。对公文初学者而言，首先要学习公文的基本要求和基本写作方法，但是如同学会了数学公式而不知道如何下手解题一样，其难点在于，仅仅对公文的规定熟悉了，到了具体文件起草时，往往仍然是一筹莫展，这也属于正常现象（其后结合读书体会，再详细谈谈）。不过在学习公文的开始阶段，要注重培养"情会"和"时机"，了解所在岗位对应的专业常识，体会公众对所在部门的关注重点，熟悉行政工作的流程和运转方式，慢慢感觉"冰冷"文字背后的温暖，逐渐知道如何因时、如何顺机，如此才能让公文达到最佳的效果。

初试牛刀，是很难独自成文的，即便上级领导逐字逐句地讲清文字结构和精要，新手若想一蹴而就、一气呵成，却也是极为困难的。所以，学写公文和做数学题的最大相似之处，就是对范文（例题）的反复琢磨，弄清楚其中的道理，正如《文心雕龙》一书中所言"不截盘根，无以验利器；不剖文奥，无以辨通才"。读范文，要看懂结构，如庖丁解牛，由骨骼而入肌理，自皮囊而进脏腑，抽丝剥茧，慢慢厘清其中的脉络和线条。之后，可换位思考，从作者起笔入手处着眼，如何对题而建构，着墨而充实。好的文章看多了，想透了，总会找到其中的章法。与诗词歌赋不同，公文的逻辑结构和叙事主线相对简单明了，能够归纳出的模式和方法也不太多，偶尔也会有些细微处的变化，但总的来说，还是比较容易寻到规律的。

梳理结构的过程中，细节上的功夫也很重要。此处所说的细节不是文字表述和文风，而是结构上的细微之处。换言之，就是在逻辑纲目的设计中，既讲求大思路、大视野，又要避免狗尾续貂、画蛇添足之憾，所谓"夫骥足虽骏，缰牵忌长，以万分一累，且废千里"。这对初写公文而言，确实不易觉察，因为起草者的关注点往往在大结构、大段落上，偶有余力，也更倾向于打磨文字。但往往结构和主线上的细微偏差，很容易谬以千里，而且倘若一开始就错了方向，那么写得越快、阐述越清，则离题或许越来越远却未自觉有误。事无万全之策，最好的办法还是"欲知平直、则必准绳"，无论行文何处，始终要心中有数，知道文章的主题和目的，不断校正，特别是自我感觉文思泉涌时，

二、总术与恒数

更要注意，公文不是文学创作，不能由着个人兴趣和感情色彩而天马行空，终归要围着公文本身的功能来执笔。

初读的时候，并未留意这句"视之则锦绘，听之则丝簧，味之则甘腴，佩之则芬芳"，今天重读，忽然觉得这或许就是好文章的一种注解吧。虽然公文写作并未有类似的规范或者要求，但是读的公文多了，确实会有佳作如沐春风、如沁心脾、大快朵颐的感觉，这或许就是不断激励写作者自我臻美的动力所在吧。

（写于2020年3月20日）

三、神思上知虚静

万事开头难，万篇起笔迟，无论写什么类型的公文，领到任务伊始，初学者往往一筹莫展，不知道如何理解题目，更无从谈起如何搭框架、找主线；进阶者，特别是处于快速成长期的写手们，则会是"神思方运，万涂竞萌"，不仅能快速"读懂"题目，而且脑海中恰如风云际会、满山溢海，颇有"我才之多少，将与风云而并驱"的气势；更高段位者，恰恰要"疏瀹五藏，澡雪精神"，尽量摒弃先入为主的判断，陶钧文思，贵在虚静，越是觉得题目容易，越是感到套路熟悉，越要沉淀下来，不急于构思和动笔，当然还

三、神思上知虚静

是要考虑到成文缓急、时限的因素。此处先说上述三种类型，其实要表达的就是经历一段初学的历练之后，绝大部分人可能始终处于第二个阶段，既有或多或少的体会和成绩，又有一知半解的经验和方法，手生者时常遇到颠覆性修改意见，手熟者大致能选对方向、大小修补后终能顺利成文。如何更进一步，借《神思》篇的教诲，浅谈些许感受。

其一，形在江海之上，心存魏阙之下。在文章的构思过程中，很容易放飞思想的翅膀，特别是在信息传播如此便捷的情况下，各类消息来源众多，写作思路更加开阔、审题角度更加多元、立意结构更加复杂。譬如新冠肺炎疫情暴发两三个月时，如果写对其反思的报告，想必每个人都能说出几条意见来，在此情形下，执笔者如果不能抓住写作的中心和表意的重点，则会离题万里、不得要领、言之无物，正所谓"枢机方通，则物无隐貌；关键将塞，则神有遁心"。假设选择以"对病毒学发展的反思"为主题，则文章大致的逻辑主线就是：病毒学作为"古老"的一门学科或者科学，在波及全球的疫情面前，到底遇到了什么样的困境,又是由什么原因引发的,此时此刻又该如何应对。由此展开,则所有素材的梳理分析都要紧扣主题。如流行病学调查、临床救治的中西医结合、从严管控人口流动等内容,即便内容翔实、很有说服力,也要果断舍弃。讨论阶段或可神游,但主题已定,则要神居胸臆,不能乱了章法。

其二,神思纵横捭阖,笔下难尽其详。选好了题目,想好了观点,有些高手几乎可以做到一气呵成,从开头一直写到结尾。但更多人会遇到"方其搦翰,气倍辞前,暨乎篇成,半折心始"的问题,明明感觉把全部的结构、段落甚至文字都想清楚了,为什么写起来依然举步维艰、词不达意,以致收笔时好像没有把所有想法都表达清楚。这也恰恰是困扰我很久的一个问题,最明显的是在写个人年度总结时,觉得把所有内容都想好了,但是写出来却有面目全非之感,答案就是此篇的"意翻空而易奇,言徵实而难巧"。所以,真正把公文写出彩的水平是能让读者通过文字感觉出思想的光芒,但实际文字往往无法精准表达出思想的含义,或理在方寸而求之域表,或义在咫尺而思隔山

三、神思上知虚静

河,说到底还是没有掌握文字表达的精妙所在。

其三,万卷书百里路,鱼与熊掌怎兼。选题立意时,当然希望是寂然凝虑、思接千载、悄焉动容、视通万里。承前例,如选好了从病毒学的角度去看疫情,但专业知识的储备和实践的积累就决定了文章境界与成色,高下立判。而读万卷书和行百里路之间,于公文写作者而言,又是很难兼顾的,跑基层多,就要多研究具体问题,细读大文章的机会相对少;而研究问题的阅读质量和数量上去了,难免去一线的机会就少。万卷书会对提升判断能力和分析层次有帮助,百里路也会有助于更具针对性和可操作性建议的提出,但两者兼备毕竟是少数,初学者只好临时抱佛脚、临阵磨枪,所以注重平时每一次外出调研和阅读文件的机会,虽然在初学时难以读懂读深,但是通过反复磨炼和斟酌,特别是培养学习的习惯和能力,假以时日,或许就可以"吟咏之间,吐纳珠玉之声;眉睫之前,卷舒风云之色"了。

其四,定墨运斤之巧,意会不可言传。彦和先生也提出了神思的应对之法,即积学以储宝、酌理以富

《文心雕龙》与公文写作

才、研阅以穷照、驯致以绎辞,音律节奏之美,颇有临席之教。面对原本没有学习过的专业或者领域,长远看,确实需要不断自我学习和思考;眼前看,要沉下心来,集中所学所知去探查题目的背景和寓意,急功近利的办法就是请教直接上级,尽量理解并把握清楚其中的内涵与要求,运气好的话也许已有大致的结构和有用的素材。当然,不能每次都指望天上会有馅饼,所以治本之策还是自我能力的积淀。读到其中"运斤"一词,看了看注释,语出《庄子·徐无鬼》,意指把一个人鼻子上沾的白土削去而不碰伤鼻子,忽然感觉眼前一亮,这是对妙笔生花者形象的描绘,从文章思路到结构逻辑,从观点词句到段落文字,点到为止,丝毫不谬。诚然,如此功力凭勤奋、凭自忖、也凭悟性。

（写于 2020 年 3 月 23 日）

四、神思下守博一

《神思》篇的后半部分，乃彦和先生根据对经典名篇的作者们进行深入分析之后的高见，一语道破学写公文过程中的诸多所历所感。

其一，迟速异分，难望项背。同时参加工作，年龄、专业、经历大致相仿者，大体两三年后，在公文写作方面的差别几乎一目了然。抛开其中的所处岗位、上级培养、独自练笔等因素，假使同样努力、同样训练，产生的效果也会大相径庭。彦和先生此段的本意是讲写快写慢各有所长，但是对公文而言，一篇文章不可能真的等上十年八年，所以借用其表面文意。写

《文心雕龙》与公文写作

得慢或者写不出来时,恰如含笔而腐毫、辍翰而惊梦、疾感于苦思、气竭于沉虑,亦如高考前对着数学题,没有思路和方法,确实写不出一个字来;而上手快的,果真是援牍如口诵、举笔似宿构、据案而制书、当食而草奏,拿到题目和要求之后,眼见着键盘噼啪响,一气呵成。从此以后,往往是难者不会、会者不难,写得快,则越写越好、一通百顺;写得慢,则越写越难、举步维艰。当然,写公文要保证的始终是质量,但最大的不确定因素就是时限,如新冠肺炎疫情出现后,如果要写一篇疫情应对方面的报告,就不可能给出非常充裕的时间,这时候的关键是传递信息的准确、及时、有效,尽快拿出可行、管用的对策建议。类似情形,往往就是公文写作中经常要面对的。

其二,人之禀才,贵在自知。写作的质量和速度,当然有诸多客观原因,但是主观因素始终起着决定性的作用。如《文心雕龙》所言,人的禀赋确实存在差异,思维习惯也有所不同,有的人喜欢慢工出细活,或许一辈子就写了一篇文章、一本书,但可以传为经典。公文写作的要求与文学创作有本质上的差异,所

四、神思下守博一

以起草者无论是什么样的性格特点,都必须主动适应。彦和先生把写作者大致分为两种类型,并因人而异提出了建议。如此,在写公文过程中,骏发之士当"心总要术、敏在虑前、应机立断",由于对事物的分析把握能力比较强,加之长久以往的积累,相对能够较为迅速地形成判断和观点,所以稍加思考,就能抓住问题的要害而想出应对之计;覃思之人则情饶歧路,须鉴在虑后、研虑方定,其实大多数人并不是文思迟缓,而是受困于诸多客观因素,无法像骏发之士一般,很快很准地形成系统解决方案,所以反复纠结于思路、框架、观点、对策,或者是一下笔就陷入具体问题和段落文字的斟酌反复,好似盲人摸象。在实际的写作过程中,更多的执笔者其实在两者之间不停地转换,历练的次数多了,总会有些主题和文体更为擅长些,偶尔也能出口成章了,关键是要有清醒的自我认知,清楚所长所短,无论难易之殊,都须并资博练。

其三,临篇缀虑,必有二患。更进一步,初学者将会面临"理郁者苦贫、辞溺者伤乱"的困境,这在较为重要的综合性公文起草中更为常见。这里不以写

《文心雕龙》与公文写作

作者自身的差异作为关注角度,而是从起草的角度看,如果一篇公文的核心要义没有想清楚,那么就是手头堆了再多的素材,仍然会感到内容贫乏;若是只关注篇章的标新和字句的立异,写作的精力往往会投入到表达形式上,恰恰忽略了思想的升华,最后的结果往往是语言很漂亮,但是内容很凌乱。古今同理,博见为馈贫之粮,贯一为拯乱之药,博而能一,有助心力。因此,布局谋篇时,首要的是确定中心思想,讨论清楚达成认同之后,要真正贯穿到全文的起草过程之中。查找素材佐证可以"博",凝练观点的思路可以"博",但写的过程要守住"一",就是行文始终紧扣主题,避免一时兴起的突发灵感,避免对格律句式的刻意为之。经过如此反复地训练,或许方可逐渐接近"至精而后阐其妙、至变而后通其数"的状态吧。

其四,妙手回春,化腐为奇。从初学至今,接触和学写公文快二十年了,或许是经历了很多情况,所以重读此书才发现其中很多道理,在千年之后依然闪烁着智慧的光芒,一如"拙辞或孕于巧义,庸事或萌于新意""视布于麻,虽云未贵,杼轴献功,焕然乃珍"。

四、神思下守博一

同样的题目、思路和内容，初学者费尽九牛二虎之力，或可大致成型，但是放在高手之中，不增一字，不减一词，稍加调整顺序、位置、句式，果真是焕然乃珍，颇有茅塞顿开之感。但再换一篇文章，初学者的困顿依然如常，再请高手赐教，又是拨云见日、豁然开朗了。当然，学写几年之后，自身也会有所提高，转身指导初学者，也能指出改进之道，所以水平的差异总归是相对的、动态的、比上不足比下有余。若是不以此缘由自我安慰的话，其实妙手高招的关键是：于宏观处，是对公文主题因应形势背景的更高水平把握，能看到原作者没有想到，甚至闻所未闻的大势，看似改动字句，实则是对文章思路的修正，看似内容的搬运，实则是逻辑维度的改变；于细微处，是对表述方式有效性、精准性的熟稔于心，同样的话用不同的方式去说，效果或可云泥之别。

始终强调公文的特点，也是想更好地吸收《文心雕龙》的精髓。"思表纤旨，文外曲致，言所不追，笔固知止"对文学创作而言很有价值，但在公文写作中，更加强调表意准确，避免语焉不详，更不能出现

《文心雕龙》与公文写作

模棱两可、一文两解。

《神思》篇赞曰:

神用象通,情变所孕。物以貌求,心以理应。
刻镂声律,萌芽比兴。结虑司契,垂帷制胜。

(写于2020年3月25日)

五、体性与凝真

才性异区，文体繁诡。辞为肌肤，志实骨髓。
雅丽黼黻，淫巧朱紫。习亦凝真，功沿渐靡。

与生俱来的先天异区，始终是客观存在的，聪慧、才气、秉性、样貌等，必是各有不同。由此而及后天学习，也都会各有擅长的领域、喜好的风格，一如文理分科、专业有别。如赞之黼黻、朱紫，雅丽抑或淫巧，相比见仁见智罢了。

由此推之，在写公文的起跑线上，每个人的先发优势有所不同，即便考录遴选之时有所考量，但伯乐

《文心雕龙》与公文写作

相马终归是要在赛道上一试高下的,可是还未开跑,确实很难预料谁拔头筹、谁行千里。而且,不同于标准化考试,实际工作中每位公文起草者拿到的题目和要求大相径庭,甚至没有可比性,评价的方式又相对主观,诸如此般,貌似无所适从,其实"凝真"二字恰到好处。于初学者而言,当不怕动笔、不躲难题、不忧申斥、不寻捷径。

才由天资,学慎始习,斫梓染丝,功在初化。无论先天条件和原始积累(正式写公文之前的后天努力所获)如何,凡事总有第一次。依稀记得2003年秋天,在国家行政学院的公文写作课上,授课的是中国人民大学的教师,一个学期,每周半天,课上讲理论和方法,课后会有一篇小作业,主要是简单常见公文的撰写,如会议通知、会商函,虽然没有确切的工作业务导向,但也对基本格式和要求有了感性体会。一年之后到科技部工作,真正意义上写的第一篇正式公文是给机关工会的复函,因为有了之前培训的积累,半页纸的篇幅,自我感觉还是写得不错的。但是送给司领导之后,返回来的稿子几乎是每十个字必有改动,从标题到主

五、体性与凝真

送,从文字到标点,颇有挫败感。碍于第一次写,又不好详细追问修改的缘由,只能自己一字一句去体会,判别为什么和之前老师讲的有差别,为什么感觉很简单的主题与内容写出来的效果却不理想,时至今日回头来看,确实初始之功很重要,好似染布一样,最开始需要一点一点地尝试与修正;又似雕琢玉器,不能大刀阔斧,只能慢工细活。

童子雕琢,必先雅制,沿根讨叶,思转自圆。经过一段时间的锻炼之后,结合岗位职责和业务特点,逐渐对有些文体和内容找到感觉,有些文章报上去之后的修改也相对较少,自信心的增强在所难免。往往此时,容易出现两种偏差:一种是"无所不能",感觉写公文不过如此,因为写得越来越顺手了,偶尔也被夸赞"年轻上手快"之类的,加上公文的篇幅相对专业领域论文而言较短,语言相对通俗易懂,会觉得所有文件写的水平也都差不多,所以就会放松自我要求,特别是更容易看到自身优点、忽视了对存在问题的及时反思和自我修正,更容易放弃对好文章的学习动力,写作水平很容易进入平台期,在一段时期内都

《文心雕龙》与公文写作

无法进一步提升,而且浑然不知;另一种是"故步自封",更加偏好自己熟悉的文种和主题,擅长的越写越出彩,如果领导恰好此时因材施教,把更多你熟悉的、有把握的任务交代下来,那就很容易陷入自我循环的状态,久而久之,对新题目、新文种的畏难情绪日积月累,缺少了迎接新挑战的意愿和信心。

八体虽殊,会通合数,得其环中,辐辏相成。上一段说的是自身对尝试新文种的抗拒,此处想谈的是即便自己有想法,又哪来的机会去尝试"八体",即使尝试了又如何能得其要领呢?反躬自省当然需要,但教化点拨难能可贵。抛开自我努力的因素,从外部环境来看,从小学到大学,老师讲授细致入微,不厌其烦,但是工作之后,直接上级是否愿意手把手地改文章,苦口婆心地指导,甚至是言辞激烈地批评,真的是可遇不可求,因为领导的岗位职责纵有培养年轻人、带好队伍的要求,却也很难量化出具体的标准和考核要求。特别是在公文写作的问题上,绝大多数的情况下,教会初学者写出一篇能拿得出手的公文,真的要比领导自己写篇文章更加费心、费时、费力,而

五、体性与凝真

且往往是这篇看似教会了,下次再写还是不着边际。所以说,年轻人如果真的遇到领导愿意教,特别是只批评不表扬的时候,要学会端正心态、珍惜机会,从自身问题找起,慢慢理解其中的道理和规律,一根根柱子立起来、搭结实了,才可能盖好房子。

摹体以定习,因性以练才。最后想讲平常心,要摒弃一步登天的虚妄,丢掉一文成名的幻想,文章是一篇一篇写出来的,经验是一次一次锻炼出来的,初入公文写作之中,纵然绝顶聪明,也绝不会一战成名,因为积淀对好的公文至关重要。所以,初学者应当有长期坐冷板凳、寒窗苦读的思想准备,逐渐找到适合自己"才""气"的"学""习"之法,培养能够最大限度发挥主观能动性和创造性的写文之道。先学会把领导的语言转变为具体准确的文字,再学习把领导的想法和思路转变为合理的结构与生动的字句,之后才能逐渐掌握分析、判断、总结、归纳等诸多能力和技巧,慢慢体会其中的规律与逻辑,在潜移默化的过程中形成个人的文风,彼时或可悟出"情动而言形、理发而文见、沿隐以至显、因内而符外"的本意。

《文心雕龙》与公文写作

　　用字之妙，在于积累，多数公文未必用得上，但是讲话致辞之类可以稍显文采之处，或许别有新意。试举两例，一则如"辞理庸俊，风趣刚柔，事义浅深，体式雅郑"，每句后两字意思相反，除了深浅平时会用到，其他三组相对鲜见；另则"雅与奇反，奥与显殊，繁与约舛，壮与轻乖"，每句末字表意相似，只有"反"字较为常见，后两个几乎在公文中绝迹。如何选词用字，是个人自由所好，读此书，却兼可重品汉字之美。

（写于 2020 年 3 月 27 日）

六、风骨与遒峻

《文心雕龙》中所言风骨，初衷是纠正同时期瘠义肥辞、勉强乏气、侧诡浮靡的文风，强调文章要有感动人的力量，但是对相如赋《仙》、潘勖《锡魏》之类作品的风骨也很认同，依振甫先生观点，其在强调思想性上存在缺憾。

换个角度来看，彦和先生此篇所谈的风骨，或可理解为仅对怊怅述情、沉吟铺辞而言，至于文章思想性，其他篇中有所涉猎，而此处重点讲风骨的力量，其赞曰：情与气偕，辞共体并。文明以健，珪璋乃聘。蔚彼风力，严此骨鲠。才锋峻立，符采克炳。或可聚

《文心雕龙》与公文写作

焦在笔力的范畴来尝试与公文写作的联系。

《诗》总六义,风冠其首,斯乃化感之本源,志气之符契也。文章如何能写出感人至深的力量?同样的立意,"风"能感动人,读之热泪盈眶、振聋发聩。"骨"是支撑这种力量的框架,使文章有立体感。从阅读的感受来讲,风骨的画面感很强,字里行间能够体会到文章思想的扑面而来、虎虎生风,不单是思想上受到感染,浸入式的全方位感性体验同样很强烈,或许这就是传说中的文字力量。就公文写作而言,写出风骨的感觉相对更难,至少在修辞手法和行文方式上受了一定的限制,因此也更考验执笔者的底蕴和功力,如文中所言:练于骨者,析辞必精;深乎风者,述情必显。其中奥妙变化万千,此处仅浅析一点,就是对行文的驾驭。公文主旨相对容易确定,但是表达的途径多种多样,"神思"恰巧说明了思想的奔放,广阔天地,自由翱翔,虽然用思路和框架可以约束,但是在行文过程中,好像平原走马,易放难收,由此在增强文字感染力、影响力上,常常会遇到"如何是好"的困境,或纠结于句式、格律,或徘徊于说理、辩道,

六、风骨与遒峻

注重细枝末节的起承转合，少了整体流畅的应对自如，其实是忘记了"化感"的初衷。

昭体，故意新而不乱，晓变，故辞奇而不黩。说到笔力，最基本的载体主要是句式和修辞方法，当然文字也很重要。于公文写作而言，由于以短句式、无主句和有限的修辞为基本特点，所以在笔力的体现上更能看出执笔者的判断力，即昭体和晓变。当然，公文中的"体"不是彦和先生所言的经书史传，一般应当指主要的文种，大致有十几种，相对常用的包括请示、报告、通知、函、意见等。表面上看，文种并不多，基于行文主题和要求，相对比较容易来确定，经过一段时间的训练，即便初学者，也能掌握选择的方法，实在不行，还有上级领导把关，故而，纵然"意新"，也不会毫无章法。但是，晓变却是高下立判的关键，此处的变可以涵盖的范围很广，其中读者情感的变化是最难把握的变化之一。每一份公文，一般情况下都会有主送单位（如果是公告、令之类的，也可以没有主送），因而也就基本明确了阅读公文的主体。最初写公文时，关注的重点多是在如何把意思写清楚，

《文心雕龙》与公文写作

时间稍久,更乐于在题目、框架、逻辑、字句上下功夫,往往鲜有初学者注意到不同读者群体的需求差异。说到底,无论哪类文章,都是写给读者的,难得公文能够明确受众,如同古时鸿雁传书一般,语言表达的方式总归应当是读者所熟悉的,如此效果才是最佳。所以,公文的风骨中,如何能用读者最熟悉的语言习惯和表达方式来行文更为重要,投其所好,切中要害,或许方有"捶字坚而难移、结响凝而不滞"之效。

确乎正式,文明以健,风清骨峻,篇体光华。诚如所言,文辞鲜明而刚健有力,文章的风骨和光华就会很有成效,这里想说说行文的节奏感。比如,动人心弦的乐曲,必定不是一个音符贯穿始终,也不会始终都是最强音,因为只有低婉清回,才能衬托高亢激昂。又如相声,面对的观众背景差异较大、欣赏角度不同、幽默感和偏好也不同,但是好的作品和演员却可以驾轻就熟,掌握好捧逗的节奏和火候,同样也不会是包袱满场飞,而是通过巧妙的铺陈转换,在最合适的时候调动观众的兴奋点。由此推及公文,这种节奏感就是在明确表达重点的前提下,怎样合理设计行

六、风骨与道峻

文进程,选择什么样的叙事节奏,选择全文的哪个位置,来更加有效地突出主题,由此引发读者的共鸣。举个不太贴切的例子,在选择公文表达重点的位置时,通常不会把一段话放在某一页的最末,因为很容易造成同一句话被拆分在前一页的最后一行和下一页的第一行,或许在读者翻页的时候,重点就被忽视掉了。当然,节奏感的把握还是凭借积累和揣摩,慢慢找感觉,这个例子姑且算是雕虫小技吧。

文术多门,各适所好,明者弗授,学者弗师。这句话恰恰说出了公文写作教与学的最大障碍,因为写文章本来就没有一定之规,有些喜好文风清新,有些喜好格律对仗,有些喜好理论扎实,所谓文章写得好,大致是多数人认为还不错,所以公文写作中,很少有人说自己的文章写得好,也就更少有人愿意孜孜不倦地教了。但是,从初学者尽快适应岗位要求的角度来说,总还是要有"师傅领进门"的,这样也才能"徒弟个人再修行"。从初学者的视角说,首先要知道的是:写文章难,改文章更难,讨论如何写好文章难上加难。因此,既要自学,更要努力提升与"师傅"讨

《文心雕龙》与公文写作

论文章的对话能力,也就是提出写公文过程中的问题。特别是对于表达功力这类更难言传的问题,往往给人的感觉是说不清、道不明、抓不住,但恰恰是提升写作能力的要害,很多时候,同样朴实直白的文字,同样简洁明了的内容,选择不同的文字、不同的写法,或许表达的意思基本一致,但是细细品味起来却能发现滋味不同。

(写于2020年4月7日)

七、通变与因革

彦和先生写此书，初衷之一就是批判当时诡诞新奇的文风，提出的解决办法，如其《宗经》篇所言："文能宗经，体有六义：一则情深而不诡，二则风清而不杂，三则事信而不诞，四则义贞而不回，五则体约而不芜，六则文丽而不淫"。因此，在《通变》篇中所提"矫讹翻浅，还宗经诰"，本意并非是模仿经书的写作思想和语言，而是上述所及的"六义"。细细品味，此六项要求对公文写作也是大有裨益的，特别是公文中如何继承（因）和创新（革），情深、风清、事信、义贞、体约、文丽既是出发点也是落脚点。

《文心雕龙》与公文写作

说到公文写作的创新,由于先天条件所限,类似文种选择、行文方式、语言规范等,很难有所突破和颠覆。比如,有请示事项,就不能选择报告的文种,平级单位之间商量工作原则上用函;又如,标题、主送、结尾、落款的格式要件必须符合规定。所以,能够给予执笔者发挥的空间,基本集中在正文部分(当然,文种选择上也有些小技巧,但是很难算得上是创新),粗略想来,大致有三个方面。

其一,观点判断。一篇公文的背景和立意,多数情况下是给定的,假以新冠肺炎疫情下的经济社会发展态势为例,常规的分析方法应该是疫情防控措施对经济社会发展的正负影响,在分析利弊的基础上形成趋势判断,进而由观点形成对策建议,正所谓"根干丽土而同性",但如果想有新意,实现"臭味晞阳而异品",那么就主要取决于执笔者的专业储备、理论功底、实践经验和分析判断能力了。如此题目,则可尝试从产业类别、近中远期、国际国内、民生需求、医疗体系等不同视角进行切入和阐释,当然,不同的部门和行业,关注的重点也会差别较大,于初学者而

七、通变与因革

言,最主要的锻炼价值在于,是否能够想到尽可能多的切入点,是否能抓住问题的关键和真正的原因。求变本就是见仁见智的,但是不能囿于一家之言、一孔之见,特别是写了三五年公文之后,往往潜意识里会有比较强烈的自信,对本人提出的观点高度认同且执着坚持。并不是说坚持己见不对或者不重要,而是要有听取意见、接纳不同声音的胸怀,学会和尊重相左对立的观点,诚如所言:龌龊于偏解,矜激乎一致,此庭间之回骤,岂万里之逸步哉!

其二,行文思路。如果观点判断无法实现创新的目的,特别是在刚开始学写公文的阶段,往往文章的主旨和框架都是给定的,很难有机会表达自己的观点,那么在行文思路上也可以尝试。此处需要强调的是,如果文章篇幅较短,或者表达的逻辑思路基本固化,则不宜一味求新求变,特别是常用公文中确实有很多"潜规则",比如年度工作报告,大致会按照上年度总结、当前形势变化和新要求、本年重点工作的思路来表达,此时不太容易做出大结构的创新型调整。不过,也可以考虑在下一级结构上找出创新的空间。当然，最佳的机会还是文章（不是文种）类型比较新，这时候可以通过思路的新带动结构逻辑的变，或许有耳目一新的收获。如何尽快更好地掌握创新的规律和办法，或许正如文中所谈：名理有常，体必资于故实；通变无方，数必酌于新声。读经典、范文多了，自然就会感受到文章水平的差异，慢慢就知道好在哪里了，若能再勤思考、善动笔，总有一天能体会到"骋无穷之路、饮不竭之源"的淋漓畅快。

其三，表达方法。如果观点和思路都能有所长进，或许方能学有余力，仔细琢磨一下表达的方式和手法。有关章句、文字、音律的内容，结合后续篇目再谈体会，此处想说的是：练青濯绛，必归蓝蒨。类似绘画、光学中的三原色，万千纷繁或艳丽或阴郁或灰冷的颜色，其实都源于基本，而文章的表达，也有最基本的途径，斟酌乎质文之间，隐括乎雅俗之际，要旨就在文章的本意，所有附加其上的修饰，其根本价值和作用应该是更好地突出文章主旨，而不是喧宾夺主。所以，在公文表达方法的选择上（或可称为创新上），出发点和落脚点还是要始终切合文章的中心思想。书中谈到

七、通变与因革

了学写的方法,即规略文统、宜宏大体、先博览以精阅、总纲纪而摄契,从全文谋篇布局的大视野,努力看清楚行文的脉络与方向,以此来选择执笔者最熟悉或者最擅长的语言习惯与方法,更加精准有效地传递核心意图。

其实,无论何种创新,都是永远在路上的。如本篇所赞:文律运周,日新其业。变则其久,通则不乏。趋时必果,乘机无怯。望今制奇,参古定法。"日新其业"颇有一日三省之同感,在公文写作的过程中,只有始终保持创新的意愿、能力和状态,才能解决"绠短者衔渴、足疲者辍途"的问题。工作时间长了,岗位发生变换,总会有自己不需要动笔写初稿的时候,一旦到了这个阶段,是否还能日新其业,不单单是客观上的鞭策,往往要凭借主观上的自我激励,越是很少有机会亲自动笔的时候,越是更难独立写出来一篇完整的文章,或许在眼界和思维层次上有了很大精进,但真到了具体写作上,"暨乎篇成,半折心始"的情况将会反复出现,非文理之数尽,乃通变之术疏耳。

《文心雕龙》与公文写作

  近两年工作之故,接触了诸多已近耳顺之年的前辈,亲自动笔写提纲,甚至写全文的仍大有人在,令我备受触动,暗自发愤要坚守动笔的能力和状态,虽然谈不上屡有新意,至少可避术疏之憾。

(写于2020年4月9日)

八、定势与骈节

读《通变》篇，谈了写作创新的些许体会，借此篇，变换一下行文的思路，以其"赞"作为基本框架，说说公文写作中的立意。

形生势成，始末相承。依照振甫先生所解，不同体裁形成不同风格是势，各种风格是顺着势而自然形成的，定势就是文章要写得体裁同风格相适应。从公文写作的角度来说，文章体裁与文种要基本吻合，确定了请示作为文种，对应的体裁和风格也就基本清楚了，而且行文之中的文风变化空间也很有限，故而，公文中的"势"可从另外的角度去把握，即写作的立

《文心雕龙》与公文写作

意位势。如本篇所言，圆者规体，其势也自转；方者矩形，其势也自安：文章体势，如斯而已。拿到写作的题目和背景之后，通常情况下，会有思想翱翔的过程，无论时间长短，都会被拉回到现实境地，遇到的第一个问题是执笔者要站在什么样的位置上来破题和构思。比如，写一篇领导讲话的素材稿，执笔者的水平差异最直接归因于"代入感"的程度，如果只是揣摩领导的意图去论述，成稿的效果基本上就是执笔者的位势，缺少了宏观思考的高度和广度。甚至对初学者而言，纵然研读了同一位领导的多篇讲话稿，若是无法体会到代入的虚拟现实状态，那么即便是词句、事例乃至语言风格都模仿得很像，可仔细琢磨的时候，很容易发现其中的观点、思路与行文风格貌合神离了。因之，从文章立意时起，就要明确其"位势"，居高声自远，非是藉秋风。当然，位势不是越高越好，而是要与行文主体所处的相对位置尽量切合。所谓相对位置，就是行文主体和主送之间的"势"差，把握精准到位，便可顺势而为。

湍回似规，矢激如绳。位势找对了，接下来或许

八、定势与骈节

会有豁然开朗的感觉，似可一气呵成，循体而成势，随变而立功。其实，选好了位势只是公文写作万里征途的第一步，方向明确了，如同站在万仞之巅，但是如何顺势而为，汩汩清泉、涓涓细流究竟顺着哪条河床奔腾，才能汇聚成惊天一瀑呢？看过黄果树、庐山等瀑布，都会惊叹自然选择的鬼斧神工，都会犹疑为什么水从这个山涧汇流才成就了如此壮观的景象。对公文而言，定势并不意味着从哪条路走下去都会春光明媚，不排除有些路走着走着就无路可走了，所以，纵然立意高远，也应深知：色糅而犬马殊形，情交而雅俗异势。若想达到似规、如绳的状态，首先要考虑的是规和绳是否选准了，否则顺势而下就无法控制最终的目标。类比高山滑雪，运动员的出发点是同一个，大致的路线也相同，但是具体滑行的差异还是决定了最终的位次，如何最有效地把势能转换为可控动能，如篇中语，"括囊杂体，功在铨别"。但是如何去甄别，宫商朱紫若想随势各配，还是要清楚五色之锦，其实各以本采为地，也就是每一种路线和技巧的内在原理。公文立意的角度，只解决了后续论述的视野和层次，

《文心雕龙》与公文写作

但仍然需要与之最匹配的逻辑思路和表达主线。

因利骋节,情采自凝。把握好位势和路径,接下来或许就是如何纵横驰骋了,文之任势,势有刚柔,看上去一马平川,无外乎有些起伏微澜罢了。其实,在公文写作的时候,如果位势很清晰,很容易出现的问题就是慷慨激昂了,特别是位势较高时,尤以讲话类常见,往往会振聋发聩,好似磅礴之水喷薄而下,一泻千里,让人目不暇接。或许其中的道理可能会表达清楚,但从受众的角度不一定是心悦诚服的。故而,彦和先生言"不必壮言慷慨,乃称势也",文章的位势不是语言和修辞方法烘托出来,或者强加给读者的,真正的势不是豪言壮语,而是其立意和角度触发了受众的兴趣点,进而产生思想交流而达到共鸣,感同身受而形成认同。当然,另外一个问题就是,在现有的公文编辑系统中,通过改变字体、字样等修饰性方式,强行突出行文者的观点,一篇三五页纸的公文,修饰之处少则三五,多则几十,用艺术手段来吸引注意力。其实,不妨回想一下,古文写作时,上下竖排,从右至左,甚至没有标点符号,更不用说加粗变体了,而

八、定势与骋节

流传千古的经典文章众多，所以公文真写得好，不需要特殊标记，通篇中的亮点最主要靠写，应当是定势之后的顺流而下，水到渠成地实现核心观点的展现。

邯郸学步，力止寿陵。学写公文始终是一个动态的过程，日学日新，常学常新，没有止境，特别是经历了十几年的锻炼之后，越是表扬声不绝于耳，其实越会发现自身差距的明显，即便主观仍然努力和勤奋，但是年龄的自然增长，必然影响体力、脑力、创造力的发挥；看到高层次、高水平文章越来越多，就会明显陷入本领恐慌之中，甚至是自我怀疑大于自我信任。这种状态下，与初学时相比，应该调整学习写作和自我总结提升的方法，渊乎文者，并总群势；奇正虽反，必兼解以俱通；刚柔虽殊，必随时而适用。更多从把握公文的位势与走势上自我历练，从掌握文章内在逻辑和表达规律上有所精进，不再拘泥于某种文风或者修辞手法的精益求精，而是随机应变，尝试自己不太熟悉但更符合特定要求的写作手法。当然，多年读和写的积累，难免熔范所拟、各有司匠、虽无严郛、难得逾越，这既是对个人能力提升的促进，其实也在一

《文心雕龙》与公文写作

定程度上限制了进步的空间,潜移默化中制约了突破自我的可能。记得当年面试曾遇到一道题,谈谈如何理解齐白石先生对学画者"学我者生、似我者死"的告诫,其实,写文和绘画义理相通。说句题外话,写公文如有余力,还是要多了解一下传统文化的常识,比如段首的学步、寿陵,其实就是邯郸学步;再如夏人争弓矢、执一不可以独射,楚人鬻矛誉楯、两难得而俱售,既有辩证道理,又可平添几分文采。

(写于 2020 年 4 月 14 日)

九、情采与核心观点

圣贤书辞,总称"文章"。振甫先生解释为文是有条理、章是有色彩。水性虚而沦漪结,木体实而花萼振,文附质也。文采要依附在质地上。一篇公文的条理色彩,必然是要依托主旨思想和结构框架,而从起草的过程看,首要问题是如何确定文章的核心观点。一旦有了明确的观点,也就有了行文的出发点和落脚点。《情采》篇重点阐述的是立文之本源,强调经正而后纬成、理定而后辞畅。在此,学习体会其中的思想精华,尝试写写如何确定公文的基本观点和判断。

面对或多或少的写作素材,类似公务员考试的申论，都要对材料进行分析和判断，在此基础上，形成立论的观点和论据。如果是申论考试，通常情况下就是聚焦在给定的素材上，一遍速读，一遍有重点地精读，能够拓展的主要是平时积累的知识点。在实际的公文起草过程中，有所不同的是可以参考相关文件、补充调研（包括书面调研和实地调研）、专业咨询、听取意见等，由此获得的素材更加丰富，但是随之而来的问题是如何分析和把握其中的关键点。力所能及想到的对策思路，有三个方面。

一是拿捏好感情分寸。没有感情投入和共鸣，很难抓住关键，缺乏感同身受的状态，提炼的观点容易脱离实际或者风马牛不相及。通常讨论修改公文的时候，会采取投影的方式，一干人等聚在一起，盯着屏幕逐段逐句"争辩"。时间稍长，很容易发现，越是群情激昂、精神亢奋时，碰撞出的观点更加新颖独到，屡有惊人之语，其中道理就是只有把感情投入进去，才能调动主要器官和肌肉群的共同发力，集中精神去思考问题，这个时候往往是真情流露的，更容易在茫茫素材之中找到切入点，更会讲真心话。如书中所言，

九、情采与核心观点

故有志深轩冕,而泛咏皋壤,心缠机务,而虚述人外,真宰弗存,翩其反矣。当然,太过依赖感性的判断,又容易陷入纠结和困惑,倾向于对具体的事例评判,所提出的观点相对具体,很难置身事外地去冷静分析和宏观思考,很难从全局的视野来反思与判断,或许在"点"上有了新意,但是缺少了多维度的综合与凝练,固知翠纶桂饵,反所以失鱼,换言之,就是感情用事或许会一叶障目。故而,形成准确的、有新意的观点,既要感性体验、进入状态,又要理性回归、客观分析,把握好其中的尺度。

二是练就应急学习本领。多数情况下,面对的公文选题都不是个人全日制学历教育的专业,甚至有些时候,刚刚轮岗或者调整分管工作时,之前工作中积累的经验与专业常识也无法派上用场。特别是在刚刚参加工作的时候,既对公文内容不熟悉,又对写作要求不清楚,往往是有题目、有素材,但是找不到思路和突破口,更别说是有自己的观点了。接到陌生选题的时候,关键的解决之道就是急用先学、现用现学,虽然这两个词有点贬义,但要说明的恰恰是,由于题

《文心雕龙》与公文写作

目和内容都不熟悉,要想找到核心观点并能顺利动笔,只能在最短的时间尽可能把问题弄清楚,甚至是从零学起,既要快速掌握基本概念,又要能结合本职工作提出相应的观点,可谓边学习边思考、边理解边判断,若是赶上紧急任务(一两天内就要交稿),那真的是比大学考试前的临阵磨枪还艰辛。以我所经历的来说,在从事工业领域科技园区、科技中介机构等工作五六年时,突然接到任务,要起草文化与科技融合主题的调研方案(幸好只是工作方案,不是调研报告),最大难点是只有调研主题和时间,而没有具体的调研内容,因此,必须要弄清楚如何破题,也就是将来撰写报告的主要观点大致是什么,才能明确调研的主要任务和行程安排、具体方式。由于对这个选题完全没有概念,只能突击式收集素材、了解基本情况、阅读相关的政策文件,初步提出了以科技支撑文化产业、事业发展为主要调研方向。

三是厚植决断担当底蕴。夫桃李不言而成蹊,有实存也;男子树兰而不芳,无其情也。夫以草木之微,依情待实;况乎文章,述志为本。言与志反,文岂足

九、情采与核心观点

征?形成核心观点,最关键是要凭借执笔者的"志",也就是赋予写作者一锤定音权力时的决断力与担当情怀。当然,惊天动地的情况并不多见,但是一些具体问题的调研报告或者重要公文中某些局部篇章,却也有很多机会。即便是初学者,在负责写初稿,而且领导又没有明确意见时,既是考验,又是历练,完全有机会可以提出自己的观点和判断。概括来说,无论事情轻重,若想决断担当,或许既要有魄力,又要有能力,还要有经历。所谓魄力,就是敢于有自己的想法,不要放过每一次思考的机会,即便没有提出自己观点的合适条件或者环境,但是内心思考之后的结论,总可以与文章最终所用观点进行比较。更进一步,就是要当机立断,特别是在大是大非的判断上坚定果敢,择源于泾渭之流,按辔于邪正之路,当然是建立在能够听取不同声音、虚心纳谏的基础之上,断然不是盲目自信自负。所谓能力,简言之就是培养判断力,能够运用所学所知,倾尽其力,自圆其说。所谓经历,就是在写与改的过程中,积累经验,学人所长,逐渐形成更加有效的工作方法,设模以位理,拟地以置心,

《文心雕龙》与公文写作

心定而后结音,理正而后摛藻,使文不灭质,博不溺心。

本篇讲情采,不得不叹服彦和先生诸多妙笔生花,每每读过之后,摘录之时,总是不愿删减,其中诸多道理,纵然与当下公文写作没有直接关联,却蕴藏了许多文章本天成的精华,娓娓道来分析提炼、雕琢打磨的精妙。如其言,立文之道,其理有三:一曰形文,五色是也;二曰声文,五音是也;三曰情文,五性是也。五色杂而成黼黻,五音比而成韶夏,五性发而为辞章,神理之数也。由此看来,文学作品特别是诗词歌赋之类,果真可声情并茂、字画共体。

其赞曰:

言以文远,诚哉斯验。
心术既形,英华乃赡。
吴锦好渝,舜英徒艳。
繁采寡情,味之必厌。

(写于2020年4月21日)

十、熔裁与表意详略

借鉴此篇的题解之语，规范本体谓之熔，剪截浮词谓之裁，公文写作的要求也有相似之意。总体来说，公文是以精练为基本特征的，文种的选择和行文的把握一般都会有相应的规范约束，但在实际写作过程中，如汇报稿、指导性意见、工作方案之类的文件中，多数情况下对表达的篇幅未做严格限制，因此详略的主动权会比较大。

立本有体，意或偏长，趋时无方，辞或繁杂。动笔前，即便写作要求很明确，主题也很聚焦，但如果没有具体的字数要求，那么就会思赡者善敷、才核者善删。当然，彦和先生写这两句话的本意并非如此，此处借用，想要表达的是，在字数不限的情况下，思路开阔的执笔者往往"引而申之，两句敷为一章"，而偏好语言精练的则是"约以贯之，一章删成两句"，当然，往往都是高手才会有此两种情形，余者往往处在其中困境：想多写，无话可说；想简洁，不得要领。如此，更知掌握详略本领的重要了。

山脚下，略易详难。刚起步学写公文时，由于读过的文件比较少，手头的材料很有限，虽然现在网络便捷可以更容易查找一些公开的素材，但真正构思动笔的时候，仍然会感觉到没啥可写的。当然，如果是把各种素材拼凑一下，或许也能写出来七八页、三五千字，但是很难经得起推敲，往往领导一看，就被删减得七零八落了，有用的内容剩不了多少。这个阶段，写短文更加舒服，譬如会议通知、征求意见函，格式要件很清晰，只要把关键的点写清楚，语句通顺，大致就能交差了。如是面对篇幅较长的报告，即使提纲已经清楚，段落也基本明确写作的重点，但具体到每一段的内容时，或许也就二三百字，初学者就会感

十、熔裁与表意详略

到写不出来有价值的东西，更加难以体会到"百节成体、共资荣卫、万趣会文、不离辞情"的境界了。写公文的进程或可类比为登山，由于天资禀赋差异和选择攀登路线之别，初始时面临的问题和挑战也各有不同，但总归万事开头难，需要坚持和努力，只有翻上一个陡坡，才知道之后类似的困难如何应对。

半山腰，详易略难。写了几十上百篇各种类型的公文之后，或者有个三五年的工作光景，大致对写文章不会太发愁了，至少知道如何找素材、如何布局谋篇、如何表意写实了。虽然不好说一定就是爬到半山腰了，姑且可算是离开了出发点吧。不过，这也是同届入门拉开差距的重要节点，松懈自满者故步自封，写作水平原地踏步；勉力支撑、疲于应付者难以为继，没有心力和体力继续向前，只能把手头的活干好，短时间内无法再有突破；偶有聪颖者，似乎只差一层窗户纸了，却陷于一时无法顿悟，寻寻觅觅始终找不到前行之径。此三种状态，或许是大多数执笔者的境遇，或长或短，或早或晚。从积极意义来说，至少写长篇文章更有把握了，也会总结出来一些经验与要领，即便驻留在此，也可以对公文撰写驾轻就熟。不过，到底还是会有更进一步者，逐渐明白"句有可削，足见其疏；字不得减，乃知其密"的道理，参悟出更深的奥妙。

凌绝顶，详略自然。所谓登到山顶，其实不是说真的把公文写到了极致，毕竟人外有人，而且文章总是随着时代的发展有所因应变化的。于我辈而言，更是无法体会到其中的感悟。不过，从阅读好的公文体会来谈，特别是有机会聆听一两次重要文件起草过程的讨论，确实有茅塞顿开、醍醐灌顶之感，果真是"字去意留，辞殊意显""情周不繁，辞运不滥"，真的是进入到文法自然的境界。当然，对这种状态的描述更多是凭空臆想，难免以偏概全。其实，站在半山腰，既可以仰望山顶，想想努力的方向，当然也可以回头看看走过的路，望望不远处略低的小山丘，回想遇到的困惑与艰辛。动笔时，想来是思绪初发、辞采苦杂，如若心非权衡、势必轻重，缺少了对详略的把握，则会术不素定，而委心逐辞，异端丛至，骈赘必多。得空时，慢慢品读写过的或者读过的文章，详略就在一

十、熔裁与表意详略

念间,但是万变不离其宗,毕竟详略是方法,要为写作目的服务,要在最佳状态下呈现公文的主旨思想。

题外话两则。其一,本篇提出了文章布局谋篇的方法,大致分三步,亦可在公文起草时参考,首先履端于始、设情以位体,根据行文目的确定文种和体裁;其次举正于中、酌事以取类,按照文章主题和观点选择论据;最后归余于终、撮辞以举要,建立框架和叙事逻辑,通过字词章句来表达。思路确实很清晰,方法看起来也很简单,但是实践的磨炼还是苦乐并存的。其二,对公文简练表达水平的标准化要求,即一意两出、义之骈枝也,同辞重句、文之肬赘也,话虽只有四句,非常形象,又很明确,无歧义,不重复。

如其赞曰,篇章户牖,左右相瞰,好的公文确有格式之美;辞如川流,溢则泛滥,话说多了或许适得其反;权衡损益,斟酌浓淡,掌握好火候其实是最难的;芟繁剪秽,弛于负担,舍得删掉自己得意的漂亮字句,或许才能写出交口称赞的文章。

(写于2020年4月22日)

十一、物色与调研报告

春秋代序,阴阳惨舒,物色之动,心亦摇焉。自然环境的差别和变化,成就了无数文人墨客的触景生情和传诵千年的诗词歌赋,若是算上时代特有的人文社会环境,更是平添了诸多修齐治平、安邦定国的名言警句,如此可见,外部环境无论是宏观或者微观、庙堂或者江湖,总归会对人的主观世界产生影响,进而带来认识、判断、行为上的变化。

或许因为这个缘故,调查研究在各行各业中都有一席之地,如市场调查、供应链调查、人力资源调查等,出发点主要是尽可能地了解真实准确的客观情况、

十一、物色与调研报告

最大限度地避免主观决策与行动出现偏差。因此,公文写作中,调研报告的作用和地位非常特别,既是其他很多文种的前置环节,比如起草重要的指导性文件时,一般都要安排专门的调查研究并形成报告,以此作为后续工作的支撑;又是单独传递信息的有效渠道,有些时候可以针对具体区域、具体问题、具体案例等开展小型调查,发现正反典型,以小见大形成判断。所以,开展调查研究、撰写报告是公文写作中的常用必备技能。

总体而言,调研报告真的是慢工出细活,需要花上一段时间沉心静气地完成。不过,时间长短主要是看任务的完成时限,全面系统的调研持续时间或许一年半载,但多数专题性调研或者有明确问题的调研,大致三两月,短则十几天。所以,如果有机会参加长时间调研,或者是利用基层挂职的机会主动开展调研,其实锻炼的效果会更明显,毕竟一段时间内专注于一个题目,相对而言更容易集中精力。如果是对基层情况的调研,蹲点驻守的方式更管用,至少可以从感同身受切入,亲身体验的过程更容易引发思考。十几年前,

《文心雕龙》与公文写作

中央国家机关开展"根在基层"青年调研时,主要方式就是选择一个调研点,比如工厂车间、野外观测站、边防哨所、农村学校等,参加调研的同志要同吃同住同劳动,虽然一周的时间很短,但是触动却很明显,真实地感受,才可能有所感伤和感怀,才可能得到些许感悟。

从接到任务到完成报告,大致有四个步骤,在此侧重讲与起草报告相关的体会,兼顾涉及如何组织和开展调研。

其一,调查。山沓水匝,树杂云合,基层的一景一情时时处处都能触动调研者,正所谓"物色相召,人谁获安"。明确了调研的主题和内容,一般情况下都会编写工作方案,关键是明确节点安排,同时考虑调研的方式与行程。在实地调查环节,问题类的相对聚焦,可以直奔主题,直接进入角色,访谈、座谈、明察、暗访等形式多样;综合类的主要看调研组织者的能力,需要通过预判来明确主攻方向,有所侧重地开展工作,一般在出发前会安排组内的交流和讨论,力争有所共识。发现问题真相、找到真实原因是调查

十一、物色与调研报告

阶段的重点,初学公文者的最好办法就是"巧言切状,如印之印泥,不加雕削,而曲写毫芥",带着"一张白纸"去调查,也就是尽量抛开先入为主的观念,最真实地反映所见所闻,不加雕琢与修饰地记录"原貌",比如,受访者原汁原味的每一句话,一般我们在记录时会不经意地进行整理,觉得要对太口语化的内容进行修改,或许所要表达的内容相差无几,但对调研者来说,却失去了感受第一手资料的机会,毕竟每个人叙事说理的逻辑大不相同且自成体系,在一问一答的较短时间内,用调研者的逻辑习惯对受访者的表达进行分析并反映在文字上,必然会很仓促,而且理解和把握上也会缺乏系统性。简言之,调查阶段,就是最大限度地掌握原始素材,可以真实复原和回溯,为后续工作奠定坚实的客观基础。若乃山林皋壤,实文思之奥府,略语则阙,详说则繁。

其二,分析。目既往还,心亦吐纳,看过听过感受过之后,必然会心有涟漪甚至心潮澎湃,纵是初学者也会想要说上几句、写上几笔,以此抒发胸臆。自然而然地,进入了调研的第二环节,对调查收集素材的整理和分析,间或补充相关的背景材料或者依据文件。与基层时充分感受的最大不同是,此时多是坐在办公桌前或者会议室内,流连万象之际,沉吟视听之区,由此凝练而形成观点判断。最好的办法当然是趁热打铁,意即在调查的实地加班加点,顺着感受到的氛围进行研判,多数情况下则是回来之后,关键还是要集中精神,聚焦重点。素材纷繁,受访者表述初看时多为杂乱无章,初学者很难较为迅速地找到其中要害,更遑论三言两语概括其中观点了。四序纷回,而入兴贵闲;物色虽繁,而析辞尚简。相对容易的切入点是找矛盾,每个人的自相矛盾,不同人之间的矛盾,事物发展前后的矛盾,当然也可能有基层实践与政策规定的不一致等,由此可以发现其中的突出问题。而且,每个受访者都会对其观点进行逻辑自洽,也就是要阐述其合理性和正当性,所以会给出一些自认为成立的理由,不同观点的论据和论证摆在一起,就能更加立体全面地发现其中的对立特征。梳理找出的各种矛盾,如无明显缺漏,那么就可以尝试排出重要次序,明确最主要的矛盾,以及矛盾的主要方面与次要方面,

十一、物色与调研报告

若是成立,那么初步的观点和判断也就大致形成了。

其三,归纳。春日迟迟,秋风飒飒,找出了观点判断,也积累了相关的论据,接下来就是动手撰写报告了。然物有恒姿,而思无定检,或率尔造极,或精思愈疏。公文写作始终存在的问题,即如《神思》篇所言"方其搦翰,气倍辞前,暨乎篇成,半折心始",就是如何把想到的写出来、写明白。对调研报告来说,更显其难了,因为文章的素材来自于"原生态",而通过执笔者的分析与提炼形成了观点,所以在论述过程中,直接引用的方式相对较少,必须进行素材的二次加工,但其中既有忠实受访者、忠实原意的要求,又要进行适当地调整而能有力支撑报告的观点,从逻辑性上来说,这两者本不存在矛盾,但是从论述过程来看,确实考验动笔的功力。若硬要对初学者说点建议,借篇中所言,凡摘表五色,贵在时见,若青黄屡出,则繁而不珍。其要领是表达出论据的关键内容,起初不必纠结于表达的方式与语言特点,而是采取近乎白描的手法去反映论点及其成立的缘由,把工夫花在叙述准确、说理透彻上,读过之后能够接受和认同其中的核心观点。学会把道理表达清楚了，之后才能逐渐锻炼和掌握表达的技巧。

其四，对策。情往似赠，兴来如答。报告的另外一个作用就是要对问题的解决或者借鉴有所因应，好像是对实地调查的一种回应。这是体现报告质量的另外一个方面，也是报告现实价值的所在。形成对策，必然要结合所在部门、所在地方、所在行业的特点，提出有针对性的意见建议，当然也可以是从经济社会发展全局视野出发的对策，但术业有专攻，更多时候调研报告的建议还是以体现所在单位的业务特长为主。所以，如何在已有观点和分析的基础上，提出相应的对策，基本的依托还是执笔者的业务积累和专业素养，经验越丰富，提出的建议越是虚实结合，既有理论高度和全局视角，又有时代性、紧迫性和可操作性，既能解决当前的突出矛盾，又能考虑到长远发展的体制机制安排。对初学者来说，或许要因方以借巧，即势以会奇，善于适要，则虽旧弥新矣，第一步就是学习理解以往的好做法、好思路、好建议，看看如何优化和完善，在此过程中，也可以锻炼解决问题的基

十一、物色与调研报告

本方式,加上不断的实践工作积累,逐渐丰富思路与方法。久而久之,参伍以相变,因革以为功,更多更好地提出创造性的新对策。

一叶且或迎意,虫声有足引心,况清风与明月同夜,白日与春林共朝哉。调研是目的,毕竟要写出报告,对工作有所促进;调研又是机遇,跳出岗位范畴体会真实的世界,在物质与精神世界畅通有无;调研更是修为,增长见识与才干,反思不足与臆断,激励自我历练的动力与执着。

（写于 2020 年 4 月 26 日）

十二、声律与讲话稿

《声律》篇,如其赞:
标情务远,比音则近。吹律胸臆,调钟唇吻。
声得盐梅,响滑榆槿。割弃支离,宫商难隐。

　　由于成文所处的时代背景,提到的声律问题,既与写作文风偏好相关,又与汉字音律发展阶段相适,乍看起来与当下的公文写作相去甚远,一时也没有了写点什么的主意。
　　数读之后,偶得感悟,常用公文中或许讲话稿的起草中,声律相对有些用武之地吧,毕竟讲话是说给

十二、声律与讲话稿

别人听的,信息的主要传递方式是声音,与单纯的文字传递不同,从识别机制上眼睛和耳朵的功能也不一样,所以,借用篇中的一些观点谈谈对讲话稿的粗浅认识。

于讲话稿而言,比较突出的问题就是同音字词,相关的例子很多,在此引用赵元任先生的两篇同音字大作,感受汉字博大精深、感慨名家功力深厚之余,或可体会极端情形。

其一,施氏食狮史,石室诗士施氏,嗜狮,誓食十狮。施氏时时适市视狮。十时,适十狮适市。是时,适施氏适市。氏视是十狮,恃矢势,使是十狮逝世。氏拾是十狮尸,适石室。石室湿,氏使侍拭石室。石室拭,氏始试食是十狮。食时,始识是十狮,实十石狮尸。试释是事。

其二,季姬寂,集鸡,鸡即棘鸡。棘鸡饥叽,季姬及箕稷济鸡。鸡既济,跻姬笈,季姬忌,急咭鸡,鸡急,继圾几,季姬急,即籍箕击鸡,箕疾击几伎,伎即齑,鸡叽集几基,季姬急极屐击鸡,鸡既殛,季姬激,即记季姬击鸡记。

《文心雕龙》与公文写作

　　文章中，几乎没有生僻字，看起来无大碍，意思也容易理解，但若是听起来，估计鲜有能了然全文者。由此想到，有些起草讲话稿的前辈中，总会在临近成稿时，对重点字句进行精雕细刻，当然，有通畅文意、细致入微的意图，却也有余音绕梁、荡气回肠的打磨，让稿子讲出来更有感染力、震撼力、传播力。

　　宫商大和，譬诸吹籥；翻回取均，颇似调瑟。古文讲求格律，客观上或许与缺少标点符号有关，也不似今时排版设计的手段丰富，因而只能从文字本身下功夫。试想，如果今天我们写的一篇文章，正文部分不分段落、没有标点、字体同一，读起来会是怎样的感受，是否能很容易地找到其中的段落重点、观点判断，一如经过版式修饰般地一目了然呢。

　　与古文相比，有了标点符号，所以能少用之乎者也来断句，但如果既没有标点也没有语助词，那么恰恰是诗词中的合辙押韵占了优势，可以相对简单地找出起承转合的关键字。在当下的公文写作中，特别是公告、通知或者讲话之类的文件，更为常见的是排比、引用等修辞方法，而恰恰缺少了对文字声律的关注。

十二、声律与讲话稿

当然,不是说所有的公文都要如此这般地咬文嚼字,但是在合适的文种和题目下,文字的雕琢还是会有锦上添花之效。

古之佩玉,左宫右徵,以节其步,声不失序。需要特别注意的是,讲话稿这类文章,撰写、默读、朗读是完全不同的情形。有些文字看的时候没问题,也不会产生歧义或者误会,但是听起来就完全不同了;有些表达时的词语搭配,在心里默念的时候也不错,但是公众场合讲出来,或许就无法完全达到预想的效果。避免绕口令似的表达,至少可以让讲话稿听起来更舒服。

切韵之动,势若转圜,讹音之作,甚于枘方。如果再进一步,能够注意到不同地区在普通话特定发音方面的差异,比如平舌音和卷舌音、前鼻音和后鼻音不分,抑或双声隔字而每舛、迭韵杂句而必睽之类的细节,如能驾轻就熟,在考虑音律时,可有所应对。若能异音相从、同声相应,或可讲起来省事、听起来不累。

练才洞鉴,剖字钻响,识疏阔略,随音所遇。在

《文心雕龙》与公文写作

句式搭配上,长短句如何合理地安排能让演讲者自如地调整气息,不会说完一个长句后,喘半天;又或者如何避免连续的四字短句,若摆放上十几个,说者呼吸越发急促,听者如临连珠炮,既失去了音律的从容,又冲淡了排比的效果。

外听易为察,内听难为聪。起草讲话稿,绝大多数情况下是写的人不讲,所以既要有执笔者的想法,依靠自身的积累和经验对观点、表达系统考虑,又要有演讲者的风采,篇章结构、遣词造句要"个性化",尽量切合其角色定位、听者受众和表达场合。最佳效果不是念稿子,而是自然地表达。

外听之易,弦以手定;内听之难,声与心纷。可以数求,难以辞逐。公文写作总归是文字创作一类的,常用的汉字和句式大致固定,但是如何选用和措置就见仁见智了,其中的奥妙很难说清楚,也无法用同一标准来评判。走的路多了,慢慢体会风景的迥异和时间环境的变化,或许能略知一二。

(写于 2020 年 4 月 28 日)

十三、章句与结构逻辑

刚开始学写公文,一直没理解什么是逻辑主线,为什么要有逻辑主线,似是而非地揣摩其中的含义,始终未得要领。而对篇章结构的设计,只是知道文章不能一段到底,总是要分几个段落,再进一步知道了分章设节的作用。经历了十几年的锻炼,忽然想起小学时语文课上老师总是要带着我们找文章的中心思想、划出每段的结构和主题句,当时只是机械地学习掌握,时至今日才体会到,一篇文章的内在逻辑和基本结构是密不可分的。对公文写作来说,了解、掌握并熟悉逻辑方法,才能更为精准地搭建四梁八柱,由

《文心雕龙》与公文写作

此达到文章所要实现的目的和效果。

《章句》开篇即言:"设情有宅,置言有位;宅情曰章,位言曰句,故章者,明也;句者,局也。"如此简洁明了地表达章句的定位和作用,于公文写作更是大有裨益。一篇公文要表达的主旨思想必然是通过逻辑和结构来具体实现的,外在表现的是结构,也就是篇章段落的划分;内在串联的是逻辑,以此保证表述的合情合理和传意的入情入理。借用本篇之赞,试谈篇章逻辑的粗浅体会。

(一)断章有检,积句不恒

千古文章,变幻纷繁,其中写作的方法和道理却有诸多相似相通之处。因此,断章积句无论如何演化,篇章句所要实现的效果正如彦和先生所言,"篇之彪炳,章无疵也;章之明靡,句无玷也;句之清英,字不妄也,振本而末从,知一而万毕矣"。如果从结构的分类来讲,无论是篇章还是段落,大致有三种情形。其一,总分结构,即开篇的第一部分(或可是第一篇、第一章,抑或是短公文的第一段)主要是总体概述,

十三、章句与结构逻辑

对全文的主旨进行综合性概括,而之后的各部分是总体之下的各个分项,各自承担其中一部分观点的详细论述或者展开表述,框架结构相对简单,逻辑主线比较清晰。此类结构最为直观的例子是会议通知,第一段写明开会的缘由和主要目的,接下来各段分述主题、时间、地点、参会准备、报名等事项,一般情况下不需要专门的结尾段。其二,分总结构,基本脉络与总分结构相反,先分述再综合,在整篇文章的大结构中相对少见,但在简短的请示或者报告中(三五页纸篇幅)也可使用,大致是先分别叙述对某个问题的各方面观点或者意见建议,最末段进行归纳分析并形成结论。其三,总分总结构,这在公文写作中较为常用,开头的总述部分可以说明行文目的、背景或者调研、起草的主要过程,中间部分按照不同的逻辑结构进行展开,结尾进行综述,从行文的角度来说,便于首尾呼应,而且从结构上也能对逻辑一目了然,初学公文者更容易找到感觉。

（二）理资配主，辞忌失朋

文章的结构清楚了，如何安排段落和句式就是最直接的问题。句司数字，待相接以为用；章总一义，须意穷而成体。说到底，形式是要为内容服务的，所以，确定章节段落的出发点就是如何把框架和逻辑有效地表达出来，当然也有为了"格式之美"而追求字数的大致均衡。其实，格式上的不对称，本质上不是字数多少导致的，而是篇章结构的划分有了偏差，原本应该安排两个段落的内容非要挤在一起，那么单纯删减或者精炼文字，往往会破坏其本来观点的有效和充分表达，而原本可以合在一起的两个观点，若是硬要拆分，那么两段话或是显得很单薄，或是感觉好似注水肉了。在公文的叙述过程中，特别需要注意的是逻辑自洽，如文中所言，"辞失其朋，则羁旅而无友，事乖其次，则飘寓而不安。"表述过程的严谨，并非是说不能使用倒装、插叙之类的方法，而是逻辑上的衔接要更紧密，特别是公文不同于文学作品，更加突出表达的精练与准确，尤其是请示之类的文件，如果

十三、章句与结构逻辑

想在有限的篇幅内讲清楚问题、观点和建议,逻辑顺序尤为重要,否则一旦左顾右盼、颠三倒四,很容易导致读者思路的发散,正所谓"搜句忌于颠倒,裁章贵于顺序"。

(三)环情革调,宛转相腾

从公文写作的常用逻辑主线看,其实也相对简单,没有明确的划分标准,一时能想到的大致有时序、因果、递进、并列几类。选择恰当的逻辑表达方式,从而达到控引情理、送迎际会的效果,公文写作的水平才能有所提高。时序逻辑比较常见,一般在调研报告、情况汇报中常见,大致按照事情发展的时间脉络展开,很少插叙,有利之处是叙事顺序比较清晰,按照发生的先后去安排章节即可,难点是无法突出观点或者重要判断形成的过程,往往是有价值的内容淹没在了时间坐标之中。因果逻辑很容易理解,在请示类的文种中比较常用,基本思路是分析原因而得出结论,虽然道理比较通俗易懂,但是因与果的逻辑契合却是关键点,从修改者的角度,最常用的办法就是找出的原因是否和产生的结果存在必然的对应关系，换言之，从执笔者的角度，就是能否找准一对因果。递进逻辑涵盖的范围相对宽泛，可以包括事物发展变化的进程、趋势演进过程等，要害在于递与进的把握，即逻辑上的前后关系是否清晰，表述过程中能否实现环环相扣的效果，特别是篇幅较长的文章中，逻辑的连贯性和衔接的精准性更加重要，一如篇中提及的"启行之辞，逆萌中篇之意；绝笔之言，追媵前句之旨"。并列逻辑相对容易掌握，掌握的要领是并列的内容是否在同一层次上，常见于规划计划、指导意见的主体部分，也就是设立篇章的基本原则，比如，规划的开篇和结尾部分之外，各部分一般采取并列逻辑，相互之间的逻辑位势大致在同一水平，难点是如何分清楚、把握好，避免出现高低不齐、大小不同的问题。

（四）离合同异，以尽厥能

具体到段落中如何摆放句子，方法技巧很多，正所谓"巧者回运，弥缝文体，将令数句之外，得一字之助矣"。依我的体会，有一个比较笨的方法，就是

十三、章句与结构逻辑

无限细分。简言之,一篇文章无论按照何种逻辑、何种结构大多是要划分到二级标题、三级标题的,细化到某个段落来说,其要承载的作用至少可以概括为一句话。无限细分的思路,就是这一句话究竟要包括几个方面的含义,如果包括四个方面,那么可以归纳为四句话,再对其中每句话进行分析,是否还可以拆分其中关键点,如此无限分解下去,一段话可能被分为几十句话,而且由于是分层细分的方式,所以每句话的逻辑位势和相互间关系已经明确了,执笔者要做的就是如何遣词造句了。比如,如果要写交通领域的调研报告,那么从交通方式上基本可以分为公路、水运、航空、轨道等,轨道之下又可以分为轮轨、磁浮等,轮轨之下又可以考虑载运工具、基础设施、控制系统等。细分既可以采取并列逻辑,又可以是递进逻辑、因果逻辑、时序逻辑等,只是在分的过程中如何更巧妙且因地制宜地熟练使用,避免"两韵辄易,则声韵微躁;百句不迁,则唇吻告劳"的困惑。

(写于 2020 年 5 月 7 日)

十四、丽辞上与"四对"

"心生文辞,运裁百虑,高下相须,自然成对。"写文章的过程中,如果对格式之美有所偏好的话,想必会逐渐关注词句的对偶。又如讲话稿一类的文体中,排比句式往往更显气势和震撼。《文心雕龙》在行文过程中,已经把对仗排比的手法运用娴熟,不言而喻地成了可供借鉴的范例。其实,日常生活中很容易找到两两相对的事例,但读过本篇之后,有了一些综合性的认识和体会。

彦和先生总结下来,丽辞之体,凡有四对:"言对为易,事对为难;反对为优,正对为劣。"暂且不

十四、丽辞上与"四对"

论难易优劣的判别，概括来说，主要有如下四种形式。

（一）言对者，双比空辞者也

长卿《上林赋》云："修容乎礼园，翱翔乎书圃"。此言对之类也。又如，满招损，谦受益。由此可以看出，言对主要是语言形式上的对仗，两句话的含义可以相同也可以不同，但所述内容不包括具体的事例，这里所说的事例并不是说言对仅是文字上的雕琢，而是不引用典故或者具体的人和事。篇中之所以说言对为易，理由就是偶辞胸臆，换言之，就是有感而发，只不过文字是以对偶形式出现的，上下句的句式风格相同，加之古时作者总会学些对偶的范文，反复吟诵之中，也就掌握了一些要领，能够比较自如地出口成对了。所以，言对的关键在于文字和句式的功底，如何更巧妙地找到对应的关系。

（二）事对者，并举人验者也

宋玉《神女赋》云："毛嫱鄣袂，不足程式，西施掩面，比之无色。"此事对之类也。与言对不同，事对要徵人之学，也就是考验作者的历史文化水平。篇中所举的例子，西施相信很多人都听说过，其典故也大致耳熟能详，前半句提到的毛嫱，虽说与西施为同时期的美女，但能读准其音、了解其事的料想要少了许多。再进一步，此处两人之所以成为事对，关键在于"鄣袂"和"掩面"两词，《千字文》言"毛施淑姿，工颦妍笑"，至此恍然大悟，原来毛嫱和西施皱眉头的样子都那样妩媚动人，正是基于这个共同点，方才形成了这组事对。由此不难看出，事对的关键是要非常熟悉所列举典故的精准含义，而且能够在同维度上形成相同或相反的关系。又如，时常提到的一句话，"冯唐易老、李广难封"，也可从中体会事对的意涵。

（三）反对者，理殊趣合者也

仲宣《登楼》云："钟仪幽而楚奏，庄舄显而越吟。"此反对之类也。依彦和先生所见，反对为优，其道理是幽显同志，就是通过反差式的表述来烘托同样的主题。从表达手法和感染力来讲，确实反对很有

十四、丽辞上与"四对"

优势,毕竟围绕一个论点,形成了两个角度的论据,其论证效果更具说服力。说句题外话,读《文心雕龙》,忽然发现写公文之所以举步维艰,其根本是文字能力和历史知识的学习差了很多,纵然心里有很多观点,却很难找到精准传神的文字来体现。此段举例中提到的钟仪和庄舄(音同"细"),根本不知道是两位古人,更别说如何理解幽和显、楚奏和越吟的含义了。看过注释才明白,其实就是楚国的钟仪异乡被囚,越国的庄舄他国做官,虽境遇相去甚远,但都始终不忘乡音。借此,可以感受一下反对论事的妙处,也能自省古文基础的孱弱。

(四)正对者,事异义同者也

孟阳《七哀》云:"汉祖想枌榆,光武思白水。"此正对之类也。由于并贵共心,本书说正对所以为劣也。如果仅从阐明观点的方式上看,与反对相比,正对的逻辑更类似于并列式或者递进式表达,从一个角度来讲道理,或许不如正反两方面共同发力的效果好。但是,如果能够充分理解这种论证方式的独到之处,

《文心雕龙》与公文写作

找到合适的语意环境来灵活运用,也能收到意料之外的功用。而且,从叙事逻辑来看,正对的思路更容易被初学者掌握,而且从言对兼有正对入手,相比而言能更好地理解和运用对偶的基本方法。如篇中示例,汉高祖和光武帝分别为西汉、东汉开国之君,而枌榆与白水乃是各自的家乡,一想一思,很清晰地传递了对故土的眷恋。

奇偶适变,不劳经营。四对的使用归根到底还是服务于文章的需要,形式只是外在的变化,需要思想主旨来引导和支撑,不过,更为贴切自然的形式能够有效地增强文章的感染力和传播力。

(写于 2020 年 5 月 20 日)

十五、丽辞下与"四相"

目前的公文写作属于现代汉语范畴,在对偶格律上与古时的要求有诸多区别,但对仗排比也还是比较常用的,如能熟练掌握,确实可令文章焕然一新。于初学者而言,若想提高此方面能力,不妨尝试以下方法。

(一)同字相应

若是与古文相比,这种方法并不是严格意义上的对偶,毕竟用了相同的字。但对公文而言,能够在一定程度上起到突出、强调的作用,也更容易说明白、讲清楚。比如，坚定坚决、不折不扣、落实落细，虽然第二组并不是动宾结构，但是三组四字短语并列后，无论是默念，还是演说，都更容易产生语感上的连贯，而且从内在逻辑上看，也存在递进关系，能够在展开阐述时较为顺畅地形成框架。特别是初学公文时，由于用了同一个字开头，再找另外的字去搭配，相对轻松，甚至可以用到四字熟语或者成语。又如，强读强记、常学常新，形式上看没有太大的变化，但内在逻辑上却有了一点正对、言对的意思，"强"表达用功的程度，而"常"表明学习的频度。另外一种情形，就是名词或者末字相同，比如，敢于有梦、勇于追梦、勤于圆梦，需要花功夫的主要是每一组里面的两个动词。另外一个例子则是：青年朋友的知心人、青年工作的热心人、青年群众的引路人，这类写法就需要对相关题材的积累了，不仅是文字组合。

（二）同位相对

　　此种方法所面对的情形与古文的对偶更加接近，至少不再出现相同的字，但往往也不采用事对的形式。

十五、丽辞下与"四相"

一般情况下，动宾搭配常见，动词相对，名词相对，主要是正对、言对。比如，"识人之明，举贤之胆，容才之量"，从内容上看，都是在讲对人才的发现、如何辨别、推荐、宽待的问题，但是字的选择上却有了不一样的变化，分别用了人、贤、才的说法，相比同字相对，可说是有所进步，而为了这三个字的差别和对应，又选择了明、胆、量的角度，所以整体来看更加严丝合缝。另外一种常见的情形，主要是把并列或者递进的几层含义进行搭配，比如，丰富头脑、开阔眼界，提高修养、增强本领，基本上是并列的四项要求；而武装头脑、指导实践、推动工作，则主要是递进的逻辑，从理论到实践，从主观到客观。

（三）位势相当

彦和先生认为，言对为美，贵在精巧；事对所先，务在允当。故而，在字词雕琢的基础上，总归还是事对更能体现执笔者的功力与底蕴。比如，改革发展稳定、内政外交国防、治党治国治军，字面上看貌似言对，但实质上，要对三个层面的关键问题进行准确把握,同一句话里面的三个部分既是独立的、又是联系在一起的,这就非常考验执笔者对问题把握的水平了。又如,生态保护红线、环境质量底线、资源利用上线,三句话并列在一起,主要阐述的是生态环境在产业发展中的约束作用,但是能够判断出这三个方面需要对此有更为专业的理解和认识,同时,红线、底线、上线三个词的选择,又比较形象地概括了三个要素各自的定位,读起来更有画面感、层次感。当然,也有言对的情形,比如,学、思、用贯通,知、信、行统一,这里面就需要更为巧妙地运用自如了,学思与知信可以理解为递进,学而知,思而信,但用和行更类似于并列关系,其实,用是学、思之后对理论的运用,行是知、信之后的自觉实践,逻辑上并不是简单的对偶与排比,而是因果关系的准确把握。

(四)内涵相循

契机者入巧,浮假者无功。在公文写作中使用对偶排比,关键是找准合适的语境和恰当的方式,所以句式上的变换也无须一成不变,更不必墨守成规。比

十五、丽辞下与"四相"

如,尊重人民群众在实践活动中所表达的意愿、所创造的经验、所拥有的权利、所发挥的作用,从文字组合上看并没有太多的加工痕迹,或许文采并不飞扬,但是其核心词汇的逻辑联系,却恰好通过排比的方式形成了主旨内涵的烘托,颇有一气呵成之感,既涵盖了人民群众对推动实践的地位与成绩,又构建出从意愿的主观性到权利的客观性这条演进脉络,表达的效果更加明显。又如,青春年华投身祖国航天事业、耄耋之年仍心系祖国航天未来,虽然文字上不完全对仗,但反对的手法却运用得非常熟练,青春与耄耋,无论岁月如何变化,对航天事业的拳拳之心始终如初,由此,初学公文时也可以有创新的机会,只是看起来简单的方法,不知道何时何地如何运用罢了。其实,根本原因还是无法弄明白其中的道理,加之积累不多,若能理圆事密,或可联璧其章,进而迭用奇偶、节以杂佩。

本篇赞曰:"体植必两,辞动有配。左提右挈,精味兼载。炳烁联华,镜静含态。玉润双流,如彼珩珮。"

(写于 2020 年 5 月 21 日)

十六、事类与公文引用

彦和先生谈及事类时,言道:"盖文章之外,据事以类义,援古以证今者也"。对公文写作来说,引用是最常见也最主要的方法之一。公文开头,大部分都要写明公文的来由或者依据,也就不可避免地需要引用法律法规、批示指示等;而在行文过程中,处理问题的依据、分析判断的数据、表明观点的论据,都会涉及诸多方面的引用。恰当巧妙地旁征博引,既能起到关键支撑的效用,又能发挥画龙点睛的妙用,诚如《事类》篇所说,"明理引乎成辞,征义举乎人事,乃圣贤之鸿谟,经籍之通矩也"。

十六、事类与公文引用

　　于公文写作而言，大致可分为规定动作与自选动作两类引用。所谓规定动作，就是行文时必须引用的内容，比如起草管理规定时，开篇即要明确制定的依据，一般多是法律法规或者上位的规范性文件，其根本原因是公权力的行使需要赋权，而赋权的基本方式就是法定，意即法律法规或者规范性文件中明确的职责与权限。再如，起草工作方案时，一般需要明确为什么要做这件事，也就是说清楚工作任务的来源，或者是会议部署，或者是领导交办，或者是落实法定职责，或者是上位的规划实施，这种情况下需要在文章开头引用相关依据。所谓自选动作，就是为了更有效地表达观点或者行文目的，通过引用数据、案例、领导讲话、重要文献甚至是古诗词等，从而强化针对性和感染力。与规定动作最大的不同是，自选动作从严格意义上来说，并不是公文结构要件中的必选，而是写作者根据需要灵活选择和运用的，这对执笔者自身的能力和水平是重要考验。

　　无论哪种方式方法，学写公文之初，在引用方面或许要注意以下几件事。

《文心雕龙》与公文写作

（一）校练务精，捃理须核

如题，这个道理非常浅显，却是引用中的关键。换言之，无论是公文，还是文学、历史、科研等文章，只要是引用，就必须核实准确。特别是直接引用，更是要明确来源和出处，也就是从什么途径获得的引用内容，其作者、发表的载体、时间、地点、上下文等，切不可凭记忆或者臆断，出现"我认为""我想"之类的潜台词。当下信息和网络技术发展十分迅速，查询相关引用内容的途径很多，也不需要跑到图书馆或者资料室去核实，一方面，获取信息更加便捷高效，延伸评论和分析也比较多元，对核准内容帮助很大，而且辅助性的搜索功能还可以延展思路；另一方面，碎片化的问题也很突出，信息量过大其实对执笔者的挑战也更大，如何甄别信息的真实性和有效性成为新的问题，来源成了最大的风险点之一。在此情况下，如果是纸质信息，多数都是正式发布的文件或者正规出版物，虽然核实的过程复杂一些（涉密材料还涉及审批等流程），但是准确度有保障；如果是网络公开

十六、事类与公文引用

信息，就需要确定网站的可靠性，最好以信息发布的原始网站或者权威性高的官网为重点，尽量避免受到假网站、假信息的误导。此外，单独引用一两句话时，最好是能查到全文，或者至少是上下文，防止以偏概全、断章取义。

（二）综学在博，取事贵约

写了三五年文章之后，读过、听过的好文章也积累了一些，在引用方法上必然比初学时进步不小，往往也可以信手拈来三两句十分受用的话。此时，在公文引用中，就需要注意如何把握引用的内容和篇幅了。不妨试想，如有一篇文章都是引用的，虽然每句话都很有道理，合在一起的效果可能也不错，但是公文本身的价值也就失去了应有之义，形式上就成了各式引用语的堆砌了。故而，引用之目的是服务公文起草的逻辑主线，只是在部分环节或者位置上发挥概括、支撑、强调等作用，并不能代替执笔者本身的思想创作。初学公文时，既要学习经典范文，更快更多地去了解公文引用的技巧，特别是哪些内容可以作为自己将来动笔时的参考与借鉴,逐渐积累一些有用的信息,以备不时之需;又要学习如何把握好文章的逻辑与框架,一点一滴来体会如何在不同文章中找到合适引用的位置,更加娴熟地把自己掌握的信息引好、用好,真正达到"事得其要,虽小成绩,譬寸辖制轮,尺枢运关"的效果。

(三)虽引古事,莫取旧辞

再进一步,就是间接引用了。与直接引用不同,间接引用并不是把找到的依据或者佐证信息原封不动地搬进来,通过引号、书名号、括号等方式直接显现(当然公文写作中直接引用占据的比重很大,许多统计、案例、规定等必须采取直接引用的方式),而是要对有用信息进行加工,大致可归为两类。其一,在某些情况下不适合直接引用,比如,领导讲话时虽然提到了,但是在正式公布的讲话稿或者会议纪要中并未体现出来,如果要引用,只能进行表达方式上的变换,以间接引用的形式,表达所要强调的中心思想,并不拘泥于文字是否完全忠实于演讲者本人,而是基本观

十六、事类与公文引用

点保持一致,这时,需要特别注意执笔者是否理解并准确传递出引用信息的全面、真实,对初学者而言,最简单的办法就是要对照演讲者之前正式公布的讲话内容,尽量保持观点的一致性,如果遇到明显差异的情况,务必要谨慎核实。其二,是执笔者的自行加工,即对找到的可直接引用信息进行梳理和分析,结合起草中的需要,对引用内容进行重组、改写甚至是重写。调整次序、排列组合是入门级的做法,只要不涉及逻辑错误,可以较为容易地掌握,而改写甚至是重写,就很考验执笔者的功底了,既要对源头信息理解得非常全面,如此才能摆脱误读带来的歧义,避免"引事乖谬,虽千载而为瑕";又要对文字驾驭有一定的基础,达到"用旧合机,不啻自其口出"的自如。特别是要把古诗词改造到当下的公文中来,初学者可以作为自我提升尝试锻炼。

(四)研思之士,无惭匠石

"山木为良匠所度,经书为文士所择,木美而定于斧斤,事美而制于刀笔。"公文引用虽然只是写作

《文心雕龙》与公文写作

方法之一,却也很能体现执笔者的追求与境界。玉器界的赌玉,当然有运气的成分,但更考验的是眼力与经验,如何从平淡的表面看穿其中蕴藏的奥妙;在公文写作的成长历程中,慢慢才能体味出类似的境界,如何透过文字找到其中的核心要义,如何看懂作者的笔法与新意,如何从平实直白的文笔中找到流光溢彩的思想内涵。从战术层面来说,就是要训练过目不忘的本领,看得多,对有用的、精华的内容更要记得多,至少可以在关键时想得起来去哪儿找,如果要是能脱口说出准确的内容,当然是最佳状态了。无论天资差异,只要坚持,假以时日,都会有所收获。从战略层面而言,就是在开始时树立志向,朝着良匠、研思之士的目标努力,完成一篇一篇起草任务的同时,勤于研读,乐于自我分析文章的利弊优劣,善于思考,苦于对字句的推敲斟酌,一点一滴积累和改进适合自身特点的习作方法。当然,未必每个人如此做了都能成为大家高手,但是执着前行至少可以有所收获和精进。

"经籍深富、辞理遐亘",历史长河中的好文章很多,或远或近都会对我们的写作有所帮助;"皓如

十六、事类与公文引用

江海、郁若昆邓",不断培养自身的领悟与把握能力,从浩渺烟云中寻觅最合适的为己所用;"文梓共采、琼珠交赠",传承经典不妨碍古今交相辉映,引用的恰到好处更能平添风采;"用人若己、古来无懵",最关键还是要练就本领,思想上的共鸣,才能让文字散发出新的力量光芒。

(写于 2020 年 6 月 22 日)

十七、比夸隐三篇与形意兼修

在创作论的诸篇之中,《比兴》《夸饰》《隐秀》三篇,似乎与公文写作相去有些远:《比兴》原本是《诗经》中的经典,因年代久远,现今读起来其中的篇章也有些晦涩,更不用说如何运用到公文中;夸张的修辞方法倒是很常见,《隐秀》的功能作用如果用在文学创作上不失为一种技巧,但此两种与公文所必备的客观、平实表达相比,似乎又毫无交集可言,加之《隐秀》篇如其名,彦和先生原著的诸多文字已经散失了,目前所见多是明代补订的,故而当初的思想与文字已无从考证。于是突发奇想,将对此三篇的粗浅体会放

十七、比夸隐三篇与形意兼修

在一起来写。

如题，公文之形，即外在的格式与文字；之意，即所要表达的主题与内涵，寻求两者之间的平衡乃至融合，或许是公文撰写的目标之一。《周礼·春官·大师》的郑玄注："比，见今之失，不敢斥言，取比类以言之；兴，见今之美，嫌于媚誉，取善事以喻劝之。"换言之，就是我们时常听到的，话是明说，还是暗说。当然，还有另外一种情况，就是《夸饰》篇中提到的："神道难摹，精言不能追其极；形器易写，壮辞可得喻其真；才非短长，理自难易耳。"不同的主题和文种，确实对执笔者提出差异较大的要求，这也是公文写作中兼修内外的客观难点所在。在此，借用三篇各自结尾时的总结之语为小标题来说上几句。

（一）拟容取心，断辞必敢

彦和先生言："'比'则畜愤以斥言，'兴'则环譬以托讽。盖随时之义不一，故《诗》人之志有二也。"尽管从创作方法来说，赋比兴的手法与今天的公文写作联系较少，但是其内在体现的批判斗争精神

《文心雕龙》与公文写作

还是具有很强烈的现实意义与价值。文章要想斥言和托讽,便是采取隐喻、借喻等间接的方式,或喻于声,或方于貌,或拟于心,或譬于事。其核心是执笔者要有勇气、有魄力,敢于把真正的问题找出来、写明白,从起草过程来看,属于动力和初心的范畴,也就是主观意愿。

　　于公文写作而言,最关键就是宏观层次上要有定力,就是对正确方向的坚守与把握。很多问题在具体范围内或者孤立情境下看,或许都有其存在的合理性,甚至是阶段合法性,但是从战略层面去判断,从长远发展的过程去分析,完全可能是颠覆性的结论。比如,产业发展与生态环境的关系,类似的争论有很多,不同地区、不同行业、不同发展阶段,都有不同的声音,而从宏观和长远来看,其实道理很简单,但在具体执行层面的出发点与落脚点存在偏差,因而,类似公文的起草时,就需要非常坚定的方向把握,恰似"物虽胡越,合则肝胆",不论表现的方式与形态有何差别,都要坚持住底线和红线。

十七、比夸隐三篇与形意兼修

（二）倒海探珠，倾昆取琰

执笔者有了强烈的主观意愿和明确的问题导向，接下来考验的就是客观上的能力与实践过程。一方面，是找寻问题的过程，单凭一腔热血是不足以完成任务的，关键是如何发现问题、找准问题。在此，对深入实践的调研不做过多表述，仅说说从纷繁芜杂的文字材料中如何探寻。动笔之前，必然要查找相关的素材，特别是有较为系统详细的汇报类或者参阅类素材，往往其论述已经自成逻辑、自成体系，尤其是专业领域的内容，初读起来更会感觉到颇有几分道理。在此情况下，想直接发现问题或者准确判别其对错非常困难，当然想要找到与之意见相左的素材也不会太难，有人赞成，绝大多数情况也会有人反对，无论是否能站得住脚，至少给执笔者创造了一个多角度思维的可能，所以，首要培养的就是批判精神，不能人云亦云，但也不是对所有问题都一棍子打死，要从批判的角度来分析问题，既可以证伪，也可以求真。

另一方面，把问题用最平实的语言表述准确就更难了,所谓"达难显之情,写难状之物"。很多时候,明明感觉已经把问题找到了,似乎也写得很清晰了,但别人就是看不懂,或者理解不了。其实,如《夸饰》篇所言:"然饰穷其要,则心声锋起;夸过其理,则名实两乖。"也就是用什么样的角度和方式来表达的问题,如果与读者能够形成共鸣,那么文字上即便弱一些,也容易理解。此外,由于公文写作不能夸大其词,更不能为了突出行文的要义而脱离实际,所以对叙述逻辑和文字的精准要求更高,如何不用夸张的手法,写清楚状况,找精准问题,抓住关键原因,驾轻就熟之时,或许就是"旷而不溢、奢而无玷"吧。

(三)言之秀矣,万虑一交

由于《隐秀》篇出自原稿的内容本来就不多,主要集中在首尾两部分,彦和先生认为:"隐也者,文外之重旨者也;秀也者,篇中之独拔者也"。从公文直白表意的特征来看,"隐"以复意为工,所以"隐"的手法似乎不常用;"秀"以卓绝为巧,看起来"秀"的作用更像是主题句或者重要的判断,不过两者都是

十七、比夸隐三篇与形意兼修

可遇而不可求的,如篇中所言:"凡文集胜篇,不盈十一,篇章秀句,裁可百二"。

"夫心术之动远矣,文情之变深矣,源奥而派生,根盛而颖峻,是以文之英蕤,有秀有隐。"从这点来看,"隐"和"秀"的根源还是在于文章的主旨,或者说就是内涵。从写的过程来看,若要形成独到的观点,就更需要"才情之嘉会"了,只有具备发现问题、分析问题、解决问题的能力,才在批判和斗争上有了很好的基础,但如何用鲜明的表述来实现更大的感染力与影响力,则是实现内外兼具的关键所在了。所以说,文章的风格和表现手法,归根到底还是依靠其核心思想来定势与骋节的,无论文学作品中的曲折蜿蜒、欲言又止,还是公文写作中的直截了当、通俗易懂,都是围绕其内在的主旨来选择与文体相适的传递路径与技巧。初学者很难一时掌握其中的枢机,但要有意识地去自我激励与锻炼,通过思考—实践—思考的螺旋上升,逐渐提升创新与表达的能力。

(写于2020年6月22日)

十八、练字与指瑕

"古来文才,异世争驱,或逸才以爽迅,或精思以纤密,而虑动难圆,鲜无瑕病。"故而,公文写作也不可避免会出现失误或者错误。在前面的体会中,谈了很多如何把文章写好的认识,更多的是从正向角度来切入,即在谋篇布局、逻辑思路、叙述风格、手法技巧等方面,以更加主动的方式去实现执笔者的意图。若是从反向角度来说,就是如何避免公文中的"瑕病",即公文写作中避免出错,或可称为底线思维,至少保证写出来的文章没有原则性问题,甚至是没有小的瑕疵。当然,这与修改文章还是有一定区别的,

十八、练字与指瑕

因为每个人对题目的理解会各有不同，对表达的观点会有所争论，对表述的方式会各有偏好，所以在讨论一篇文章是否写得好的时候，更多是从修改的角度来品评，谈及文章是否有谬误的时候，涉及的不是可改可不改，或者因人而异的判断，而是必须要改，比如错别字之类。

诚如彦和先生所言，"立文之道，惟字与义，字以训正，义以理宣"。读过《练字》和《指瑕》篇，借其中精要，谈谈几点感受。

（一）借鉴与抄袭

曾听说过一则新闻，在此地的旅游宣传语中出现了"欢迎来到彼地"的谬误。如果从借鉴的角度来说，似乎没问题，毕竟学习其他地方的好做法、好经验而拿来就用，一时间可以起到事半功倍之效，特别是在公文起草的时候，学习借鉴其他地方在管理体制、运行机制、政策措施等方面的思路和探索，确实会对无论文章本身还是工作实践都有帮助，关键的问题是，如何把握尺度。

《文心雕龙》与公文写作

《文心雕龙》从写文章的角度提出了一种观点:"全写则揭箧,傍采则探囊,然世远者太轻,时同者为尤矣。"对公文起草而言,大致可有两种注释。其一,如果是从上位法律法规或者文件中直接引用的,或者是借鉴平级单位相关文件内容的,基本属于引用的范围,其本质作用是行文依据或者制定政策的参考;其二,如果是借用其他公文,特别是研究报告中的观点和判断,多数情况下除非注明是引用,否则就不太适合抄来就用,应该结合所起草公文的情况,从思想性、时效性、方向性上学习借鉴,在此基础上对具体的表述进行修改和完善。

《诗·大雅·抑》提及:"白圭之玷,尚可磨也,斯言之玷,不可为也。"引申来说,如果是错别字的瑕疵,或许还能打磨,而若是抄袭,那么或许一时一处没有被发现,但却一直存在下去。如《指瑕》所言:"斯言一玷,千载弗化"。

(二)专业与通俗

"丹青初炳而后渝,文章岁久而弥光。"很多好

十八、练字与指瑕

文章，隔了一段时间再读一遍，仍然能够感受到其中的远见卓识和妙笔生花，即使是在公文范畴内，十几年前的重要文件翻出来，依然会对今天的起草工作产生积极影响，特别是回到当初的背景下去体会和分析，更能发现好文章在重大抉择判断、重要改革思路、重大突破举措等方面的独特思路与巧妙写法，而且往往其中并没有艰涩难懂的所谓专业表述。

诚然，公文写作时会涉及各类专业知识，直接引用或者罗列专业术语的话，自然会把意思表达的更显专业水准，而要是想让没有专业背景的受众读懂文章，想必是难上加难。其实，专业与通俗并非对立关系，只是需要通过语言的精妙运用和修辞方法（比喻、举例、类比等）的出神入化，把专业领域的核心信息恰到好处地让普通大众能够理解和接受。当然，如果是极为复杂和深奥的专业知识，几乎不可能实现这一目的，但是绝大部分公文，并不需要专业论文级别的水准，关键是如何进行语言上的转换。

所以，学写公文时，要注重提高快速学习新知识和转换表述语言的本领，一方面是写文章时难免遇到没有学过,甚至是没有听说过的知识,由于要为起草工作服务,因此要保持学习的能力,而且要在较短时间内能够把新知识了解清楚弄明白;另一方面是看似弄懂的专业知识,如何用通俗易懂的语言表达出来,除非必要,否则应该尽量避免照搬照抄专业术语,这就需要把理解力向表达力拓展,达到所谓一点就通、一说就懂、一写了然的效果。

(三)求真与唯美

无错别字,是公文写作的最基本要求,却也是最难的要求,很少听说有人能做到零差错,特别是在输入法愈加智能的情况下,稍不留神,就不只是词不达意的问题,时常会出现谬以千里的状况。而唯美,则是对文字本身的极高追求,或是一词一字,或是格式格律,或是修辞方法,总的来说就是在表达基本准确的前提下,对表达的效果有几乎求全责备的意愿。比如,古时写文章确实不容易,与今天相比,至少还要考虑书写时遇到的问题,不能前一段的字形都很复杂,而下一段的字体笔画都很简单。

十八、练字与指瑕

回到《练字》篇所言，当时写文章，必须拣择："一避诡异，二省联边，三权重出，四调单复"。诡异，就是所用的字比较生僻；联边，就是连续的几个字，有半边相同，即偏旁部首相同；重出，就是一个段落中同样的字多次出现；单复，就是字的笔画多少、结构是否复杂。从现在的写作来看，诡异和重出或许还算是问题吧，公文在选择字词的时候，的确应该避免生僻字，特别是引用时，最好有所考虑；而重出的问题，可算是唯美的追求吧，有些执笔者不喜欢反复用到同一个动词（当然有意设计的排比句式除外），尤其是同一段落中，更会尽量避免类似情形，不过这也增加了写作的难度，因为常用的动词及其搭配毕竟有限，减少重复的难度还是不小。当然，彦和先生也提到，若两字俱要，则宁在相犯，实在无法错开，也无须纠结于此了。

自有汉字以来，字音、字形、字义幻化万千，加之几千年各类文章中的组合变化，既为当下的执笔者创造了无数范例可供学习借鉴，又对如何用准、用好每个汉字平添了很多困难，不过这或许就是沉浸写作

《文心雕龙》与公文写作

过程的另外一种乐趣吧。两篇的"赞"各引一半:"羿氏舛射,东野败驾。虽有俊才,谬则多谢。字靡易流,文阻难运。声画昭精,墨采腾奋。"

(写于2020年7月9日)

十九、附会

何谓"附会"？谓总文理，统首尾，定与夺，合涯际，弥纶一篇，使杂而不越者也。若筑室之须基构，裁衣之待缝缉矣。

公文写作到了一定阶段，往往很难由一个人来完成一篇文章，特别是重要文件的起草，更是需要组建专门的起草组来负责。此时，大部分参与者只负责其中的一个小章节，甚至是某一段落。公文的层次越高，那么每个人的任务就越具体，写作的篇幅越精练。而负责整篇文章的领导者，多数情况下未必需要亲自动笔了，但是对通篇的驾驭与掌控，类似乐队的指挥家，

《文心雕龙》与公文写作

既要对每个部分的作用与特点了然于胸,又要知道在何时何处起承转合,让文章首尾周密、表里一体。

换言之,学写公文的过程,大体是写短文、写长文、参与写文、主持写文、指导写文的演进吧。自己独立负责写的时候,篇幅短长不一,但基本上是独立完成,所谓"附会"的考验主要是对执笔者自身而言,往往是从文章中判别水平与能力。进而参与"大稿子"的起草时,更加考验的是参与讨论思路框架和执笔其中一部分内容的本事。一方面是对整个文章的理解,能否提出更加新颖的观点与切入角度;另一方面是独立撰写的内容,能否与整体融为一体,从逻辑、结构到文风、语言,都能切合通篇的要求。再进一步,就是如何对"大稿子"做指导了,难点在于找准文章的逻辑主线、发现关键问题、提出可操作的意见。

解释上述过程,其实想说的是,"附会"的能力对公文写作而言十分重要,只是在我们学习和动笔的不同阶段,其具体要求有所变化,但核心还是对行文"整体观"的把握,并能因时因事而熟练应对。因之,从入门开始,最好有意识地积累这方面经验,慢慢体

十九、附会

会其中的奥秘,不断尝试运用不同的方法,逐渐养成习惯。有鉴于此,有几点感受。

(一)驱万途于同归,贞百虑于一致

条条大路通罗马,文章的出发点和最终目标确定了,但用什么样的路径来实现,特别是逻辑路径的选择,确实可算得上"万途"了。所以,要培养"附会"的基本功,首要的就是总理全篇的视野和格局。

居高临下,如果想对全篇的各种路径和脉络精准把握,必须要有更高的位势,能够从更高层次来判别行文的思路和表意过程中的逻辑。一方面,从自己动笔的角度来说,可以更好地甄别纷繁复杂的素材,找到有用的内容和能有用武之地的最佳位置,同时,确定适合表达主旨的途径,也就是采用什么样的因果联系来展开叙述。另一方面,若是统筹一篇"大稿子"的话,"指挥者"可能面临两种情形:简单一点的就是文章还没动笔,有一定的时间来听取所有参与起草的执笔者的意见,并根据每个人的专长,对整篇文章的结构与分工进行设计;而难度大一些的时候,往往是改稿子的阶段，面对基本成形的文章，特别是篇幅体量比较大的话，那么就需要在较短的时间内熟悉全篇，快速精准地找到主线和脉络，类似站到山顶俯瞰脚下的山水湖田，由此发现其中的精彩与偏颇，而且还要有提出改进建议的能力。

无论是自己动笔，还是指导别人，只有视野宽了、位势高了，才能对文章的把握更加精准，或许能够实现"使众理虽繁，而无倒置之乖，群言虽多，而无棼丝之乱"吧。

（二）诎寸以信尺，枉尺以直寻

具备了一定的大局观，或者读的范文有了一些积累之后，初学者会对文章的全貌和内在的框架有所了解与体会，拿来一篇，读过几遍，也会有些评价与判断。若是循此往下，可能会逐渐关注遣词造句了。此时，需要自我把握的一个问题就会悄悄出现，那就是如何在写作过程中稳住大局的舵。换言之，就是避免写着写着偏离了主线与方向。

如彦和先生所言，画者谨发而易貌，射者仪毫而

十九、附会

失墙,锐精细巧,必疏体统。对公文写作来说,在大多数情况下,是类似高考作文的限时创作,虽然时间要求要比考试宽松,但还是有一定约束的,短则两天,长则半月。而且,考虑到起草者并不能自主决定文章的定稿,还需要一定时间报批和修改。所以,往往是接受任务感觉还早,转眼就是催着交稿。正是有这样的特点,公文写作时就要培养对逻辑主线坚守、对细枝末节果断舍弃的能力。尤其是在布局谋篇的过程中,如果是追求一尺的目标,就不能写一寸,再考虑写下一寸,如果是瞄准一丈的任务,就不能一尺一尺地亦步亦趋。

在起草过程中,无论期限有多远,总会有人觉得任务紧、有人觉得轻松,而在把握方向与精雕细琢之间,更加考验执笔者的平衡能力,既需要学习揣摩,更需要实践的磨炼积淀。

(三)改章难于造篇,易字艰于代句

一张白纸,确实可以描绘最优美的图画,未必是画者的水平云泥立判,最关键的是白纸,可以有最大

的空间去创作和写意。对写文章而言,新手阶段最发愁的是缺少素材,所以能够找到看似有用的素材,基本上就先堆积起来再说了。在我写了两三年公文之后,第一次接手全司总结的任务时,由于缺少结构框架的预先设计,加之对各方面工作不熟悉,所以就把各处提供的素材全拼进去了,即便是五号字,也有了一百多页的篇幅。到了这个时候才发现,重新梳理和修改的难度超乎想象,可又赶上交稿的时限很短,没办法只能一页一页地略读,整段整段地删除,最终的结果就是花的时间和精力不少,但很多重要的内容被忽略掉了。第二次再接手时,虽然事先仍然没有提纲,不过再没有直接堆砌素材了,而是把各处的素材分头进行了调整,之后再起草总结的框架,效果要比之前进步了很多,但是整体感觉仍然是零散的,缺少清晰的逻辑主线。所以,于初学者而言,切忌直接堆砌素材,一旦房子的框架搭好,仅凭装修,是无法解决先天设计缺陷的。《附会》篇提及的三句话,或许是学写公文的进阶目标吧。起步时,要学会上下文的照应,若首唱荣华,而腰句憔悴,则遗势郁湮,馀风不畅;逐

十九、附会

渐地，会感受到水平高低之别，善附者异旨如肝胆，拙会者同音如胡越；若能有朝一日，去留随心，修短在手，齐其步骤，总辔而已，想必是最好了。

赞曰：篇统间关，情数稠迭。原始要终，疏条布叶。道味相附，悬绪自接。如乐之和，心声克协。

（写于2020年7月10日）

二十、养气

春分起笔,每周一言,渐至芒种,力难独篇。三月时,受疫情所困,偶然翻出《文心雕龙》,当时并无确切计划,只是觉得其中有些章节引发了公文写作的所感所想,大致打算每周写上一点体会,从最初的几百字,到其后最多时的两三千字,循着创作论的次序,慢慢有了积累。忽然发现有了三四万字的规模,也就暗自希望凑出二十篇、总归六万字。因之,每一篇需要的完成时间和字数就有了目标,从最开始的随心所欲谈体会,渐次转换为有压力的作文,从第一篇的胸有万言,逐渐感受到举步维艰。原本以为十几年

二十、养气

的公文写作经历，应该能撑得住，但落在具体字词句式上，却是不断地消耗，感到力不从心了，所以有些篇目的读后感，也就合在一起了；又找来五篇曾经的小作文，自我评价之余，且做滥竽充数吧。终于写到了《养气》篇的体会，加之半年来的感受，更显意境别样不同。

（一）纷哉万象，劳矣千想

从文学创作的角度来说，可以选择的题材众多，能够运用的写作方法与体裁也有诸多选择，所以彦和先生专门谈到了"养气"，或可理解为顺势而为、随心而为。而就公文写作而言，尽管面对的主题和范围稍有收缩，常用的文种相对有限，但是所有表达的领域仍然涵盖广泛，加之写作时限的制约，执笔者几乎不可能彻底地自由自在。不过，公文与文学作品、史学文献仍有共同之处，就是对"万象""千想"的归纳、总结、凝练、升华，并通过符合相应规范的表达方式来呈现。

初学公文者，首先要知道的就是，学业在勤，功庸弗怠，故有锥股自厉，和熊以苦之人。换言之，就是下功夫去学习，通过不断的积累，才能逐渐培养判断和分析能力，特别是对重要问题的决断能力。如此，或可在纷繁复杂中找到关键，在看似平淡的文字中一鸣惊人。在不断进步的过程中，总会遇到瓶颈期，感觉能力提升受阻，思考和驾驭的能力停滞不前，其实，如彦和先生所言，思有利钝，时有通塞，沐则心覆，且或反常。遇到困难是正常的，越早发现，越能不断校正学习的方向，逐渐找到解决的办法。

（二）玄神宜宝，素气资养

由于公文写作的被动性特征，意即绝大多数任务来自于交办，而非个人主动，所以，与文学创作不同，公文写作过程中的"养气"，更多时候是在前后两篇文章的写作之间实现的。从第一篇交稿，到第二篇领题，其间或短或长的一段时光，才可能逍遥以针劳、谈笑以药倦、常弄闲于才锋、贾馀于文勇，直白地说就是缓缓神、歇歇脚。在"资养"过程中，关键是三件事，纵使无法理伏则投笔以卷怀，也可意得则舒怀以命笔。

二十、养气

其一，是对之前文章的内心小结，对初学者来说更是十分重要。从工作实践来看，写公文的过程很辛苦，但是成稿之后往往不会有专门的总结回顾环节，而是由参与者自我负责了。所以，要养成对成稿过程回溯与自检的习惯，努力发现其中的得失进退。其二，是对写作思路和方法的改进，若完成的是新类型文章，那么就更需要趁热打铁，及时整理好思考和动笔的过程，从方法论的层次有意识进行归纳。其三，是不断坚定动笔的意愿与习惯。如果能将前两项都通过文字形式来记载，那么既能以备不时之需，又能时刻保持写东西的训练量。其实，写公文有些像跑马拉松，假使每天都写千把字，果真遇到"大稿子"，相比万余字也就是谈笑间的小事了。

（三）水停以鉴，火静而朗

除非是极限写作的任务，比如下午五点的任务，第二天八点交稿，否则，公文写作还是会有一定的时间来思考与动笔的。在行文的过程中，有时会遇到"无解"的状况，就是怎么写都感觉不对，搜肠刮肚也找

《文心雕龙》与公文写作

不到最满意的字词句式，一如篇中所言，神之方昏，再三愈黩，如此情况下，或可从容率情，优柔适会，不宜勉力为之，也就是缓一缓，想清楚再动笔。特别是初写公文时，由于掌握或者熟悉的方法不多，所以发现交办的任务似曾相识之后，往往会陷入既有的路径之中，但事实上又很难保证选择的方向是对的，写的过程中有很大概率出现"走不通"的问题，这时停下来仔细想想，或许真的是磨刀不误砍柴工，或许实现了刃发如新、腠理无滞的效果。

受到"水停火静"的启发，公文写作中总会遇到时限要求不同的任务，对初学者来说，或宜急文慢作、缓件蹴就。所谓急文慢作，就是时间越紧、催促越急，越需要在构思和末篇的时候"慢下来"。这并不是说到时不交，而是对短时间写公文来说，几乎不可能反复修改，最佳的状况就是一气呵成，所以要把工夫花在动笔之前。所谓缓件蹴就，就是任务的期限至少十天半月，貌似很宽松，但这类文章往往对判断性、思路性、突破性的要求比较高，即便是两三千字的篇幅，需要的是字字珠玑、千金不易，因此要尽早搭建框架，

二十、养气

反复讨论,而且对文字还得精打细磨。

(四)无扰文虑,郁此精爽

率志委和,则理融而情畅;钻砺过分,则神疲而气衰:此性情之数也。每个人的经历各有不同,加之性格、禀赋的差异,对事物的观察、分析、判断、表达、反思必然也是千人千面的。公文写作其实也没有类似数理化考试的标准答案,对每位读者来说,评判水平高低的标尺也不相同,某种程度上读者对执笔者而言也是老师,既然没有最好,那么就在写作道路上孜孜以求"更好"即可了。公文写作的过程,既是学习、积累,又是锻炼、磨砺,更是把工作中的体会与个人成长的收获不断交融的过程。

初学公文,转眼十八年,重读《文心雕龙》之机,粗粗梳理一番,转眼已是庚子头伏,渐感"囊中羞涩",字屈词穷了。以上诸篇,且算是前行路上自醒自励和自知之明吧。

(写于 2020 年 7 月 16 日)

自写自评一：《发展西部地区经济应重点解决的问题》

写作背景和过程：2003年2月，我作为国家行政学院第七期青年干部培训班的学员，和七位同学一起，在陕西省三原县挂职锻炼。当时为了记录工作生活的体会，大家办了个挂职组的简报《秦缘》，每月一期，A3纸正反面的版式，其中所有的文章都是自己动手写的。所以，就有了这篇文章。

由于写作时并没有上过公文写作课，题目也是个人自拟，而在乡里的主要信息来源就是《人民日报》《陕西日报》之类的报刊，因此就从曾经读过的几篇

自写自评一：《发展西部地区经济应重点解决的问题》

文章中整理了一些素材，选择了今天看起来非常宏大的题目，而整篇文章不过1200字。

在写的过程中并没有遇到什么障碍，主要就是如何划分三个部分，每个部分再分为几个段落，至于论证的严谨性和论据的支撑效果，基本没有能力和经验顾及。加上简报的审稿、校对都是我们自己，所以除了错别字之类的错误，其他诸如思路、结构、论证等问题也就都由着作者本人了。

原文如下：

"西部大开发"的战略构想对于经济相对落后的西部地区来说是一次难得的发展机遇，但是从近几年的情况来看，还是存在一些亟待重点解决的问题。

第一，为西部开发立法

早在2000年的全国"两会"期间就已有人大代表和政协委员呼吁为西部大开发立法，随着西部地区经济发展脚步的逐渐加快，西部开发的立法问题也就愈显急迫。

西部开发立法，最关键的是要解决利益机制和政策倾斜问题。要从法律上解决西部地区的利益保护。

《文心雕龙》与公文写作

制定这类法律和政策,从某种程度上讲确实存在一些不公平,特别是对处于东、西部地区之间的中部省份来说更是如此,但从整个国家的整体发展上看却是相对公平的,因为西部地区较东部地区和中部地区的差异已经不小,并有进一步拉大的趋势。如果不及时将国家的战略重点调整到西部地区来,那么不仅东部地区将失去一个广大的市场,而且整个国家的经济将缺乏后劲。因此,国家应该尽快出台切实可行的政策、法规,为西部地区的经济发展提供法律上的保障。

第二,坚持可持续发展战略

本来就相对落后,加之近些年来西部生态环境的不断遭到破坏,生态问题已经成为经济发展中必须面对的难题。同时,西部地区又具有较为丰富的矿产资源、畜牧资源、旅游资源以及生物资源,而开发资源就必定引起生态环境的恶化,所以处理好经济发展与生态建设之间的关系,坚持可持续发展的思路也就成为西部开发中的关键。

首先,兼顾眼前利益和长远利益。资源开发,特别是矿产资源的开采,可以说是发展经济的一条捷径,

自写自评一：《发展西部地区经济应重点解决的问题》

但很多资源又是不可再生的，因此如何正确处理二者之间的关系，既利用资源，又不寅吃卯粮，也就成了西部开发整体规划中的首要问题。

其次，加强生态环境建设。近几年国家已经开始实施"退耕还林"政策就是为了提高可持续发展的能力，因此西部地区更应该充分利用相关政策，加大投入，合理规划利用土地、森林、水及各类自然资源，休养生息，使已处于脆弱状态的生态环境逐渐恢复，做到生态环境建设与经济建设并举，把生态效益与经济效益有机结合起来。

第三，加强人才储备，提高科技竞争力

当今的经济发展，首要因素就是人才和科技，所以西部地区在发展过程中必须牢牢抓住人才和科技。

从目前的情况看，西部地区的部分省市的人才蕴藏量还是很大的，高等院校和科研院所的科研力量有时还是比较明显的。在新近的全国大学排名中，仅西安就有三所学校排在前五十名，而这个水平也只落后于北京和上海。但是从整体上看，西部地区普遍存在"孔雀东南飞"的现象，辛辛苦苦培养出来的人才却不能为我所用,在某种程度上已经严重制约了西部地区竞争力的提高。

如果想从根本上解决西部人才外流的问题,就必须结合实际情况,制定切实可行的政策,营造全社会尊重知识、尊重人才的良好氛围,并且放手使用人才,做到人尽其才,避免不必要的人为人才浪费。同时,利用一切条件创造和改善工作、学习、科研和生活环境,提供最大限度的发展机会,充分调动他们的热情和积极性。以事业、以感情、以待遇、以公平吸引人才、留住人才,真正推动西部地区经济的持续、健康、快速发展。

自评:

(一)题目的选择

虽然已经界定了是重点问题,但是以千余字的篇幅想要说清楚西部地区经济发展,即便是今天来说,也是非常困难的。毕竟西部地区涉及的省份众多,地区差异性很大,而且经济发展涉及内涵和领域更加宽

自写自评一：《发展西部地区经济应重点解决的问题》

泛，很难在同一维度上进行概要分析而形成明确的思路和对策。或许正所谓"无知者无畏"吧，当时我刚刚大学毕业半年，在乡里挂职了4个多月，由于是理工科的专业背景，因此对经济领域非常陌生，而乡镇的工作又很具体，所以一时也无法把握经济问题的宏观与微观，只是觉得西部地区发展经济很重要，加上手头的素材也就能聚焦于此，故而就定了这么个比较大的题目。虽然公文写作中自拟题目的情况极为少见，但也有调研报告、工作简报之类的机会，可以自主确定题目，这时往往很考验执笔者的经历、经验和判断力，首要就是清楚自己最擅长或者最有把握驾驭的题目和思维层次，一如《定势》篇所言，循体而成势，随变而立功。

（二）逻辑主线

本文按照题目展开，主要是三个部分，依次是立法、可持续发展、人才和科技。从表面上看，似乎也能支撑起经济发展的主题，但是三者之间及与题目的内在逻辑上，却存在非常明显的问题。一是逻辑起点，经济发展要解决的问题一般情况下应该从经济本身面临的问题来切入，比如产业结构、投入产出、公平效率等，即使谈及法律问题，也应该聚焦经济发展过程中的具体法制制约，至于可持续发展，其实更类似发展理念。二是逻辑关系，从立法、可持续发展到人才和科技，三部分之间的叙述逻辑并不清晰，也很难从文章中找到合理的关联，看上去更像是三个独立的部分，没有形成整体的论证合力。三是逻辑框架，到底是阐述问题，还是提出解决的思路建议，在整篇文章的架构中并没有清晰的设计，关键的制约还是对题目理解和判断的水平不够。

（三）文题相符

从内容与标题和主题句的关系上看，立法部分主要讲的是意义，为什么要对西部大开发单独立法；可持续发展的标题更类似于理念性或者思路性的表达，但是具体内容又集中在生态环境上；科技和人才部分，其实重点是分析了高等教育资源的优势，并围绕留住人才提出了一些建议。综合来看，上述三部分内容对

自写自评一：《发展西部地区经济应重点解决的问题》

本文题目或者主题没有形成有效、有力地支撑，换言之，西部地区经济发展问题的主要矛盾和矛盾的主要方面很难被简单理解为这三个方面。从写作的切入角度看，如果要谈经济问题，至少要明确其中的具体内涵或者边界范围，不能泛泛而谈，特别是千把字的短文，更要聚焦重点，比如，西部地区经济发展的人才制约问题，科技支撑西部经济发展的重点建议。在文章篇幅有限的情况下，合理确定题目的内涵界限，才能使论述更有针对性和说服力，才能更清楚地表达核心观点和主要建议。

（四）文字表述

在具体的行文方面，受写作经验的限制，文字表意的准确性存在明显不足。比如，"为西部开发立法"的语言方式与常见的动宾搭配不同，没有直接表意，可考虑改为：明确西部大开发的法律地位，或者，完善西部大开发的法制基础。又如，"而开发资源就必定引起生态环境的恶化"缺少必要的推敲和斟酌，这类因果关系的表述，通常需要有较为坚实的判断依据，或者是明确的引用来源，否则就需要占用一定的篇幅进行阐述分析，同时"必定"两个字的分量偏重，表明执笔者的态度非常坚定。再如，"避免不必要的人为人才浪费"，语义上略显累赘，"不必要"可以删去，"人为"虽然强调的是对人才浪费的主观性，但也不一定要特别强调，且联合上下文的语境，可考虑改为人为浪费或者人才浪费。又如，"首先""其次"这类标题所表达的逻辑关系，具有一定的弱化递进，传递信息的重要性是不对等的，所以在文中的使用有些问题。其实，当时写文章时还是有很多修改的时间，但缺少基本方法的训练和经验的积累，很难发现存在的问题，更别说打磨文字了。

（写于 2020 年 6 月 16 日）

自写自评二：《学白衣战士抗"非典"，做好挂职各项工作》

写作背景和过程：2003年4月，身在陕西省咸阳市三原县渠岸乡挂职的我，突然接到国家行政学院培训部青干处的电话，随后就是一纸通知，这时方才对"非典型肺炎"有了几分感觉。之后，地方应对SARS的动作很快，从省市到县乡，直至村组，几乎是在一夜间就完成了防控的部署，而且工作的系统性、细致性令我很受震动。在此情形下，我们挂职组的简报《秦缘》也就临时调整了5月原定的内容，突出了八名同学在各自乡镇参加疫情应对的工作情况和感受

《文心雕龙》与公文写作

体会,我也就写了如下这篇文章,成文时间大致在5月上旬。

严格来说,这篇算不上是公文,更类似于报刊文章,或者勉强算作是倡议类的通知吧。写的时候,面对的受众其实就是挂职组内的同学,间接作用是向学院青干处反映一下我们在挂职地的思想、工作、生活状态。因为是这样的背景,所以叙述方式、逻辑关系、篇幅长短也就由我自行决定了。基本架构上采取的是总分总的常见形式,即开头一段综述,结尾一段呼应,中间三段并列关系、分别突出表达的重点(党性锻炼、业务历练、团队协作)。当时主要受限于知道的基本方法过少,只能采用最基本也相对最顺手的表达逻辑和结构。今天来看,初学公文写作时,如果有老师或者领导手把手指导,当然是最佳情形了(属于可遇不可求),如果是自己琢磨着动笔,那么越是简单的结构和逻辑,其实越容易掌握,而且也更有利于对中心思想和主题句的表达,不失为较为适合的权宜之计吧。

当时"非典"刚刚爆发式地出现在公众视野中,我所能获得信息的渠道主要是报刊和电台广播,相关

自写自评二:《学白衣战士抗"非典",做好挂职各项工作》

报道比较密集,能够获得的素材相对比较丰富,因此难点在于素材的筛选和观点的凝练。动笔之初的想法就是临近国际护士节(5月12日),当时媒体报道医护工作者感染情况比较重、工作又非常辛苦,所以侧重体现青年党员、青年公务员对他们的崇敬和学习之意。十七年后的新冠疫情背景下,拿出这篇文章,或许年少时的文笔很青涩、表达也不精练,但是由于主旨思想的积极向上,依然能令我回想起万众一心、众志成城的澎湃与激扬。

原文如下:

今年以来,我国一些地区相继发生传染性非典型肺炎疫情。面对突如其来的灾害,举国上下,特别是冲锋战斗在第一线的医务工作者,万众一心,众志成城,团结互助,和衷共济,迎难而上,敢于胜利,在这场没有硝烟的战争中,谱写了一曲威武雄壮、气吞山河的凯歌,为伟大的民族精神充实了新的内容、提升了新的境界。此时此刻,作为青年党员和青年公务员,我们更应该抓住机遇,磨砺心志,不怕困难,务实恳干,积极主动地做好挂职锻炼的各项工作,以实

《文心雕龙》与公文写作

际行动向白衣战士学习。

　　向白衣战士学习,加强党性锻炼,提高思想素质和政治觉悟,把思想行动统一到党中央的精神上。在抗击"非典"的斗争中,涌现出许多可歌可泣的英雄人物和感人事迹。特别是以中山大学附属第三医院传染科党支部书记邓练贤为代表的中国共产党人,更是以他们宝贵的生命为我们诠释了新时期的共产主义精神。在这种精神的感召下,我们应该在本职工作的岗位上积极加强党性修养,服从安排,自觉锻炼,在思想和行动上始终与党中央保持一致,为抗击"非典"战役的最终胜利和全面建设小康社会的伟大事业贡献自己的全部力量。

　　向白衣战士学习,刻苦钻研业务,务实求真,努力提高为人民服务的本领。从抗击"非典"战役打响的那一刻起,以中国工程院院士、广州呼吸疾病研究所所长钟南山教授为代表的广大医务工作者,不畏艰难,努力攻关,积极寻找诊断、治疗、防治的有效办法。正是通过他们不懈的努力,我国才在较短的时间内掌握了在诊断、治疗、防治等方面切实可行的一套方法,

自写自评二：《学白衣战士抗"非典"，做好挂职各项工作》

并提出了"四早"的整体方案，较为有效的控制了疫情。而这种求真务实，刻苦钻研的科学认知态度更让我们清楚地意识到，无论从事何种工作，都必须努力钻研业务知识，提高业务能力，这样才能不断增强为人民服务的本领。

向白衣战士学习，强化团队精神，提升协作意识，提高公务员工作的适应能力。面对波及面如此之广的"非典"疫情，全世界科学家为我们树立了一种高尚的合作精神。他们忘记诺贝尔奖、忘记学术论文、忘记个人专利，团结协作，把各种研究进展和结果毫无保留的与全世界的科学家共享。正是这种崇高的协作精神，才使得此次疫情在最短的时间内得到了有效的控制。作为独立意识相对较强的青年公务员，我们更应该分外加强协作意识和团队精神，互相取长补短，共同进步，共同为中华民族的伟大复兴努力奋斗。

抗击"非典"的斗争仍在继续，中华民族在其发展的道路上也必然还会遇到各种灾难和考验，年轻的我们惟有不断向英雄学习，不断提高履行历史重任的能力，才能使我们伟大的民族取得一次又一次的胜利。

自评：

（一）选题的价值

初写公文或者文章，很难理解不同题目、不同题材的差别，一个好的选题、好的破题角度、新颖的入题手法，甚至可以化解掉新手的经验不足与能力不够，因为文章的真正作用，或许正是《文心雕龙》所言"化感之本源、志气之符契"。此篇写成之后，十余年间，一直没有逐字逐句地再读过，机缘巧合，又赶上当下的疫情，所以更能把十七年的前后贯通起来，文中写的是当初的事，却恰恰应和了今时的情境。究其缘由，不是文字的力量，而是选题的价值。当然，绝大多数的公文写作是无法自选方向和体裁的，但若能真有机会自己说了算一次，找到一个好题目，即便文字功底差了一些、分析判断能力弱了一点，却可以有感而发、直抒胸臆。

从本文来看，选题之初主要考虑的是切合当时的

自写自评二:《学白衣战士抗"非典",做好挂职各项工作》

重大公共事件,这也是公文写作较为常见的任务来由。尤其是请示和报告类的文种,往往就是围绕突发问题或者公众关注度高的事件,进行分析研判并形成对策建议。在本文中,虽然没有采取公文的格式,但是核心观点比较鲜明,聚焦抗击疫情、向医务工作者学习,并由此展开叙述,虽然逻辑框架和主线确实有很大的改进空间,但主旨思想的位势决定了文章的"势",大致可以乘势而论、顺势而言。

(二)青春的价值

此篇中间的三段,层次关系尚可,基本的逻辑脉络还是说得过去,但是每段之内的语义重复、文字繁复确实比较突出,有些话是开头写了结尾又有,有些意思的表达是单纯说理,而缺少层次感和递进解释的方法。假如放在十几年前来看,当时的写作水平大致也就是如此,不善于总结凝练,不善于环环相扣,不善于娓娓道来。于初学者而言,一开始大可不必纠结于文字,而是选好切入的角度和行文的路径,甚至在报刊文章、座谈发言等情形下,可以更为直接地表达。

以本文"加强党性锻炼"一段为例,在段首的主题句之后,接着就是列举了优秀共产党员和医务工作者的感人事迹,然后转换到青年人的积极表态上,如果仔细分析其中的逻辑关系,其实并未把医务工作者思想上的闪光点充分展现出来,所以也就无法与党性锻炼有机结合起来,两者在内在逻辑联系上缺乏合理性。但是,当时写文的时候可谓"无知者无畏",仅凭着油然而生的崇敬之情和年轻党员的思想自觉,没有过多考虑说理的严谨性,只是感觉到心里有好多话要说,纵然无法达到"吟咏之间,吐纳珠玉之声",却也体会到"眉睫之前,卷舒风云之色"的境遇。当然,如果能有机会一板一眼地学习和锻炼,对打牢公文写作的基础还是最佳的选择。

(三)经历的价值

之前读《文心雕龙》,对其中"方其搦翰,气倍辞前,暨乎篇成,半折心始"一句的感触颇深,这也是写了十几年公文之后的体会。与之相对照,写这篇文章时,几乎算是一气呵成,成文之后也有几分窃喜,

自写自评二：《学白衣战士抗"非典"，做好挂职各项工作》

感觉千余字的文字可以写得很顺手。从当时的角度看，大学毕业的近一年时间里，经历了行政学院个把月的培训和半年多的乡镇工作与生活，所见所闻远远超出了之前的范围，一时感觉眼界大开，加上从工科背景逐渐转向了管理、行政等新领域，所以在思考问题、阐述问题时增加了新的角度和方法，因此写出来的东西也比大学时要丰富一些。而从今天的角度去看，经历多了之后，在判断力、表达力上肯定会有些进步，辩证研究和分析问题的方法也学习了一些，所以从拿到题目直至写完交稿，确实会有想得很好、写得偏少的困境。究其原因，主要是备选项增多之后，总是希望找出最优解，但其实写文章并不是做数学题或者编程序，还是要学会因时、因事、因人而有所变化和调整。经历必然会对作者的想法、判断与选择产生或左或右的影响，故而，培养兼容并蓄的气度、增强分析判断的能力、提高精准表达的水平，或许是实现经历价值最大化的努力方向。

（写于2020年6月20日）

自写自评三:《第七期青年干部培训班工作总结》(节选)

写作背景和过程:题目是工作总结,其实更准确地说是结业仪式上的学生代表发言稿。起草的时间大致在2004年5月,发言是在6月30日。虽然从小学、初中到高中、大学,有过很多场合作为学生代表发言(当时特别怕写发言稿,感觉不知道如何划分段落、如何遣词造句),不过这次确实是第一次写长一些的发言稿,当时给的发言时间是15分钟左右,所以后来经过审定的篇幅在3000余字。与之前学生时代发

自写自评三：《第七期青年干部培训班工作总结》（节选）

言稿的最大不同，或许也是当初写作文面临的主要困难，有了经历，其实才有体会，动笔时就会觉得有话说，纵然谈不上"神思方运，万涂竞萌"，却也有文思喷涌之感，毕竟真实的人、事、物，加上个人的身临其境、感同身受、自我思考，如果文字表达能力尚可，那么写出来并不难。

　　起草的难点在于要总结2年之中、30人的班集体的点点滴滴，其中涵盖的内容与范围又比较大，如学院的培训、基层的锻炼、国外的访问、部委的实习，既听过外交部、宗教局等领导的专题报告，又听过乡镇党委书记的党课，既学习了行政、经济、法律等专业知识，又锻炼了英语口语、汽车驾驶、公文写作等基本技能。30位同学来自20多所高校，分布在10多个省份，挂职的9个月又分散在4个省的26个乡镇，实习的时候还去了近20个部委，2年的经历，每个人的感受不尽相同。而且，结业的半年前，入学时的就业政策又有了比较大的变化，时隔2年再次经历一场场面谈、笔试、面试、外调等，临近6月，其实还有几位同学的去向未定，班里情绪上的波动，对我也是

《文心雕龙》与公文写作

一种影响。

　　有历练,才有机会提高。接到任务之后,由于已经上了两个学期的公文写作课,总归还是学到了一些基本方法和技巧,于是很快就确定了基本框架和思路。因为是总结性的代表发言,所以既要考虑对全班工作的系统梳理和归纳,又要增加必要的口语化表达形式(比如,表示感谢)。收集素材相对简单,一方面是4个组在基层挂职时,分别撰写了组内工作总结,这样的话第一年的班级工作基本就清楚了;另一方面是第二年在学院的培训过程中,赴日出访按要求是有相关报告的,而部委实习,每位同学也都写了个人体会,所以这期间的素材比较充实。同时,又有班委和支委的几位同学共同商量,班主任老师比较详细的指导,写的过程比较顺利。之后就是班内征求意见,又送培训部审阅。结业式那天,代表全体学员做了发言。

　　原文如下:

　　时间如白驹过隙,转眼间两年的培训即将结束。值此结业之际,首先,请允许我仅表第七期青干班全体学员向两年来给予我们关心和帮助的各位领导和老

自写自评三：《第七期青年干部培训班工作总结》（节选）

师表示诚挚的感谢！下面，我代表第七期青干班向各位领导和老师汇报一下两年来的各方面情况。

（一）加强党性锻炼，改造主观世界

在院期间，适逢党的十六大和十六届三中全会的胜利召开。全班学员按照学院的具体要求，无论是在挂职锻炼期间还是在理论教学阶段，都能积极参加各项学习活动，先后学习了党的十六大报告、胡锦涛总书记在西柏坡的讲话、党的十六届三中全会决定等文件，并结合具体工作实践，深刻体会邓小平理论和江泽民同志"三个代表"重要思想的重大现实意义。同时，主动思考如何在未来的工作岗位上为全面建设小康社会做出贡献。

去年春夏之际，我国部分地区发生了非典型肺炎疫情，关键时刻，全班学员自觉把思想和行动统一到党中央的精神上来，坚决与党中央保持一致，在学院和挂职地党委的部署下，主动学习在抗击"非典"斗争中涌现出来的英雄人物，并自觉贯彻在行动中，积极配合乡镇开展相关工作，先后参与了应急值班、设卡检查、返乡人员登记等具体工作，真正做到与当地

《文心雕龙》与公文写作

群众同甘共苦。

近期,全国兴起了向任长霞同志学习的高潮。全班学员充分利用这次机会,深刻学习她的先进事迹,并在互相交流之中,主动改造主观世界,自觉加强党性锻炼。同时,认真审视思想深处的各种问题,深入细致的进行自我剖析,寻求改进和完善的有效方法。通过这样的学习活动,全班学员更加坚定了全心全意为人民服务的宗旨意识,牢固树立了实事求是、与时俱进的思想路线,进一步强化了组织纪律观念,形成了经常改造和完善主观世界的良好习惯,在思想上得到了又一次升华。

(二)把握实践机会,锻炼工作能力

根据学院的培训安排,全班学员在院期间先后参加了基层政府挂职锻炼、赴日友好访问、中央政府实习等实践活动,收获很多。

在为期九个月的基层挂职锻炼中,全班学员在江西、广西、四川和陕西四省积极参加实践。两百多个日夜在无声无息中悄然逝去,青春窗棂上却已镌刻上成长的历程。秋风送爽,井冈山上探寻星星之火;冬

自写自评三：《第七期青年干部培训班工作总结》（节选）

雪呈瑞，中缅边境喜看国富民强；春雨润物，嘉陵江畔体味蜀韵悠远；夏绿缀地，宝塔山下再塑革命信心。在积淀工作经验的同时，我们更增进了与农民群众的真挚感情。

在为期十天的赴日访问期间，学员们访问了东京、京都、大阪三地，听取了日本人事院、外务省等部门官员所作的有关情况的介绍，先后走访了朝日新闻社、NHK电视台、富士通川崎工厂、早稻田大学、大阪府政府等单位和部门。通过这次学习考察，全班学员获得了初步的国际交往意识，加深了对发达国家的了解。在与发达国家经济和社会发展状况的比较中，全班学员增强了祖国建设和民族复兴的使命感和责任感。

在为期五周的部委实习中，全班学员参与了建设部、人事部、商务部等十九个部委的工作。在了解和熟悉各部委日常工作的同时，还积累和增进了把握宏观管理的能力，更提高了分析和解决业务问题的水平。通过实习，全班学员再一次明确了自身定位，进一步增强了事业心和责任感。

《文心雕龙》与公文写作

（三）强化理论学习，提高综合素质

按照培训计划安排，在积极参加各种实践活动的同时，全班学员努力完成理论教学的各项任务，并结合自身的实际情况，拓展知识幅度，完善知识体系，充分利用各种机会，积累理论知识和业务知识，全面提高各方面素质。

首先，明确学习方向，树立终身学习的观念。古语云："学如逆水行舟，不进则退；心似平原走马，易放难收。"因此，从入学的那一天开始，全班学员自觉地端正学习态度，明确了青干班的培养目标，认清了身上肩负的责任。通过各种实践活动，又进一步看到自身在理论方面的不足之处，感受到了知识经济时代对当代青年公务员的各种新要求。所以，在不断的学习和实践过程中，全班学员渐渐形成了努力学习、不断学习、终身学习的观念，进而以此来指导我们的理论学习。

其次，改进学习方法，提高纵深研究的水平。由于全班学员在来院前所学专业的跨度非常大，包括了理、工、文、史、哲、经、管等多个领域，因此在学

自写自评三：《第七期青年干部培训班工作总结》（节选）

习方法和学术研究水平上各有不同。所以，培训开始后，各位学员有意识地转变原有的学习习惯和方式，相互取长补短，改进学习方法，以更好地适应青干班的培训模式和要求。同时，充分利用学院丰富的教学资源，积极配合各教研部老师的工作，努力提高理论研究的水平，两年来，先后有十余名学员参与编写书籍或在期刊上发表文章。

第三，转变学习思路，增强实际应用的能力。在努力学习行政管理的理论知识的同时，全班学员还加强应用知识的学习，并着重提高知识在实践中的运用能力。先后学习了英语口语、公文写作和汽车驾驶，并积极利用挂职锻炼、部委实习等机会，加强实践，积累经验。另外，还深入思考国际国内的各种问题，结合课堂讨论和案例教学，积极运用所学的知识，提高分析问题和解决问题的能力。其中，公务员职务与职级改革的案例课已成为我院与欧盟合作项目的组成部分，模拟联合国的案例课还受到欧盟专家的好评。

第四，改善学习环境，形成全体参与的氛围。两年来，优越的教学条件为我们的学习质量提供了重要的客观保障，而班级体内良好的学习氛围更为我们的学习效果起到了很好的推动作用。在经过十几年的国民序列教育之后，全班学员基本养成了良好的学习自觉性和主观能动性，具备了一定的自我学习能力。因此，在培训期间，全体学员共同努力，互帮互助，致力于学习型班风的形成。同时，真正实现学习资源的充分共享，毫无保留地进行思想、学术、工作等各方面的交流，有效促进了全体参与学习局面的形成。

（四）开展班级活动，注重团队意识

在学习工作之余，结合实际和全班情况，我们开展了较为丰富多彩各具特色的活动，使全班学员增进了感情、放松了心情，既寓教于乐，又多角度、多方位地促进形成了一个富有凝聚力、战斗力的集体。

入学教育阶段，我们先后开展了香山集体攀登比赛、中秋节两期青干班联欢等活动。通过这些活动，学员们既展示了个人的特长与风采，又锻炼了体魄和意志；既尽快适应了学习、工作和生活，又增进了同学间的了解和感情，形成了一个朝气蓬勃、昂扬向上的集体。

自写自评三：《第七期青年干部培训班工作总结》（节选）

挂职锻炼阶段，四个挂职组结合各自特点开展了丰富多彩的活动。从江西组探望老红军、参观井冈山，到广西组远赴缅甸考察中缅边境贸易、积极帮助当地失学儿童；从四川组深入巴山蜀水开展现场学习、举行组内读书竞赛，到陕西组出版组内刊物《秦缘》、参观革命圣地延安，每一项活动都凝聚了全组学员的智慧，每一次实践都增进了同学之间的感情。在陶冶情操、积累阅历、提升凝聚力的同时，更促使学员们深入思考、努力探寻、认真完成挂职的各项任务。

理论教学阶段，我们坚持了青干班的一项传统活动，利用业余时间举办学员论坛，充分发挥学员的所学特长，帮助学员拓宽知识幅度，并针对热点问题进行深入细致地讨论。同时，还利用党员民主生活会的机会，加强学员间的思想交流，通过开展批评与自我批评，帮助学员发现自身不足、努力完善自我。

两年的培训学习已经结束，全班学员一致认为在学院的培训中取得了丰富的收获和预期的效果，为将来的工作奠定了坚实的基础。这些与各位领导、老师的辛勤工作是分不开的。仅此，请允许我再一次代表

《文心雕龙》与公文写作

全班学员向两年来给予我们悉心指导和热心帮助的各位领导和老师表示最诚挚的感谢!

希腊神话中有一位英雄安泰,只有靠在大地母亲的身上才能力大无穷,才可以战胜任何敌人。人民就是共产党人的大地母亲。因此,第七期青干班全体学员立志终身坚守为人民服务的信念,恪尽职守,努力工作,为祖国建设和民族的复兴贡献自己的力量和智慧。

自评:

谈到对总结报告和发言稿的体会,第一反应还是想起了《物色》篇,一叶且或迎意,虫声有足引心,况清风与明月同夜,白日与春林共朝哉。这或许就是年纪越大,话越多的缘故吧,因为经历的事情多了,感触也就多了,无论什么样的话题,总会联想到自己过往的事情,总能找到侃侃而谈的角度,总觉得要把所思所想与人分享。话多,所以能写的东西就多,小学时,三四百字的作文感觉很难很难,依稀记得北京亚运会召开后,曾经东拼西凑写了一篇超过千字的观

自写自评三：《第七期青年干部培训班工作总结》（节选）

后感，着实自豪了半天；而现在，或许是计算机的存储和查询功能非常发达，至少不用动笔写字了，时常还可以复制粘贴，因此三五千字的文章并没觉得有太大的压力。不过从另外的角度来说，还是经历和见识改变了思考与表达的基础、能力、经验。

回到16年前的这篇文章，借《宗经》篇所言："文能宗经，体有六义：一则情深而不诡，二则风清而不杂，三则事信而不诞，四则义贞而不回，五则体约而不芜，六则文丽而不淫"，综合此6个方面的视角，谈谈体会。

（一）情深且体约

从工作总结的角度来看，由于2年的经历不仅是学习培训，更是一拨大学毕业生经历基层打磨的过程，所以在总结的时候必定会感情丰富，但毕竟属于公文范畴，其格式与文风还是有所约束的。因此，文中的逻辑结构大致是从思想、实践、学习、作风4个维度展开的，没有采用常见的时间逻辑，感情色彩的表达相对比较充分。当然，也可以从另外一种维度来构建，就是2年的投入与产出，即具体做了哪些事（学习、工作、生活），而得到的收获又是什么（思想、学业、实践），这种方式的好处是因果关系比较明确，动作与结果也容易分清，还可以增加一些同学们的感性认识。所以，主观情绪在公文中的表达既可以多样化，又应方式合适。

（二）事信而风清

对工作总结来说，一般情况下素材会比较丰富，而且事实准确，需要额外核实的多数是某项工作的最新进展或者重大调整，关键是保证总结在公开发布或者报送时，其中的主要信息是及时、有效的。于本篇而言，涉及的内容基本可靠，只是增加了一些数据汇总的工作，比如，实习去了多少个单位，大家学过的专业范围，这其实也是总结的一项任务，就是对各个方面或者渠道提供的信息，进行合并同类项，以此形成整体的效果。在此基础上，就需要表达清晰、条分缕析、重点突出的加工过程了，而本篇在行文中，少了一些青年公务员应有的青春气息，特别是大部分段落的末句，基本都是升华性的表达，似有重复

自写自评三：《第七期青年干部培训班工作总结》（节选）

累赘之感。

（三）文丽仍义贞

　　总结多数情况下是书面形式提交，而本篇是口头汇报，所以，可适当考虑现场朗读的效果，增加一些基本的修辞手法，比如排比、对偶等。恰到好处的文采点缀，能够更好地烘托出主旨思想，而且又没有违和感。不过，要额外考虑到音律的因素，比如，文中唯一引用的句子"学如逆水行舟，不进则退；心似平原走马，易放难收"，前半句读起来问题不大，但后半句的似与走都是平舌音，而平和原又是前后鼻音相连，对我来说就有一定的难度，好在文章是我自己动笔的，所以发言前练习了几次。当然，这是细节，而整体语言风格上，由于水平有限，没有太多的文采飞扬，平实的语言倒也写出了同学们对两年时光的回忆、收获、感悟。

（写于 2020 年 6 月 23 日）

自写自评四:《乡级财政路在何方》

写作背景和过程:回想了一下,此篇可能是我参加工作之后写的第一篇类似公文的文章,成文时间在2002年12月。写作动机是《秦缘》要稿件,我又是挂职组的组长,纵然当时水平和经验都不过关,但也只能硬着头皮找个主题来写写。之所以选择了乡级财政这样的题目,主要基于从当年10月到年底的3个月乡镇工作的经历和感受,且算是朴素的体会吧。加上从来没有学习过财政、税收相关的专业知识,甚至有关"七站八所"也只是挂职前学院培训时才听说过,

自写自评四：《乡级财政路在何方》

这些也更增加了写文的难度。

而有利条件则是，一方面，同组挂职的其他同学中，有哲学、政治学专业的，也有税政、行政管理等背景的，平时在一起交流的时候，至少耳濡目染了一些知识和概念；另一方面，乡里的干部大约百十号人，尽管刚开始的时候对陕西方言不太听得懂，但是每个人和我聊天的时候却也不保留，知无不言，这也令我有机会听到心里话、真话，即使有些观点或者意见略显偏激，不过大家的出发点都是积极的，这在之后抗击非典疫情时体现得更加充分。

原文如下：

又是年终岁尾时，又是财政困难时。面对高悬颈上的财政任务的利剑，面对数月未得到工资的并肩战友，每一位乡镇主要领导都会感觉到难以承受的压力。鉴于目前举步维艰的乡级财政状况，特提出如下改善建议。

（一）采取低增长办法，给乡财政一个休整期

众所周知，造成目前乡级财政困难的一个主要原因是由于以往虚报财税收入所带来的财税任务过重，

而且由于各级政府每年要确保财税收入有一定的增长率,因此使本已步履蹒跚的乡级财政雪上加霜。故而,应该在目前财税任务的情况下,结合各乡镇具体情况,采取低增长、零增长,甚至负增长的办法,为乡级财政创造一个宽松的休养生息的阶段,让虚报的数字在尽短时间内最大可能的趋近实际。

(二)增加对乡财政的投入,减少中间截留

由于我国目前的财政体制及农村税费改革所引起乡级财政收入来源的限制,故而乡财政在当前主要还是依靠上级拨款。鉴于此,乡财政若想增收还需国家财政加大投入。但是,尽管实际上国家每年的投入的确不少,由于中间各个环节各种名目的截留,乡财政的实际所得与预期仍然存在不小的差距。因此,应该最大限度地减少中间环节的截留,确保乡级财政收入的增加。

(三)转变工作作风,减少"不可抗拒"支出

这一点主要针对每个可以影响或部分影响乡级财政支出的部门。所谓"不可抗拒"支出即指这些部门的某些行为造成乡财政不得不支出的情况,而且这种

自写自评四：《乡级财政路在何方》

支出往往存在巨大利润。举例说明，上级组织部门对乡政府的在职干部职工进行年终考核时，需要每人交纳 10 元钱购买一本成本不足 1 元钱的考核手册；若无手册，则不能参加此项考核。尽管乡政府明知这项支出有其不合理的地方，但是，也不得不执行。笔者并不是认为购买手册不合理，关键是价格为什么远高于其成本价格。因此，希望掌握这种影响力的部门能切合实际，尽可能减少乡财政在这方面的支出。

如何解决乡级财政面对的种种困难，已成为当前农村工作中的重要问题。希望各级政府及政府的各个职能部门以农村发展大计为第一要务，切实解决实际问题，彻底改变现存财政体制中的不合理之处。

自评：

本篇的文种类似报告，以调研情况为主要内容，全文 800 多字，结构也相对简单，总分总的框架，3 项主要建议。从文章评价的角度来说，有几个问题。

《文心雕龙》与公文写作

（一）调研要全面

从朴素的感受出发，从周围熟悉的群体视角切入，主观上感觉把乡级财政的问题了解得基本清楚，但客观上却忽略了调研的完整性，即兼听则明。比如，制定乡级财政政策的主管部门，为什么会出现按照县乡分账比例来统计与核算的问题，制定相关政策规定的主要背景和现实考虑是什么，是因为上位法或者上级的规范性文件有了具体的约束，还是县里自己的政策，弄清楚这些问题，或者是与涉及的部门经办人员沟通交流，至少能对这种情况有更加全面的了解。再如，文中提及的年度考核手册的具体案例，应该也要和主管部门进行核实，包括成本的核算。单从一个本子的实际成本来看，可能忽略了一些特殊因素，假设是涉密印刷，那必然价格要高一些，假设10元钱不单纯是本子的支出，或许还包括了其他的工作经费。虽然这两个例子未必最终成立，但从调研和起草报告的过程来说，必备环节的缺失，一定程度增加了以偏概全、脱离实际的风险。此外，即便是篇幅较短的报告，也

自写自评四：《乡级财政路在何方》

需要对调研过程有所简述。

（二）分析要立体

调研只是手段，而分析问题是实现调研功能的重要环节。经过实地或者文案的研究，一般情况下能够梳理出主要问题，但是产生问题的根源到底是什么，其实更应该是报告需要关注和阐述清楚的重点。调研中的具体问题，其实都会有其深层次的原因，需要从更全面、更立体的角度去研究分析。

（三）判断要推敲

分析原因之后，如果是简洁版的调研报告，可以直接进入对策建议的部分，这样既省字数，又很直白。但是这种情况下，文章中的核心观点就很重要了，毕竟通过调研和分析之后，得出的主要判断或者观点是确定后续解决问题方向与具体措施的前提和依据。所以，无论是否单独成段地表达出来，都需要在适当的位置有所体现并阐述。这篇报告并没有单独写判断，通篇也是问题、原因、建议混在一起的,如果勉强找出来比较醒目的观点,那就是"不可抗拒"支出的提法。而这个判断是否经得住推敲,至少从文章中的逻辑脉络中无法自圆其说,当然,从当时调研的范围看,乡里的干部大多认为,上升为报告中的结论还是要有必要的讨论和印证。再者,对这类支出给出了其存在巨大利润的判断,比单纯的不可抗拒更有震撼力,但其背后是否有充分有力的支撑依据,则是立论能否站得住的必要条件了。

(四)对策要可用

乡级财政的休养期,初衷是让财政的增收压力得到缓解,但具体操作过程中,休养期应该根据什么标准来确定,是历年陈欠的规模,还是税源的多少,是乡镇人口基数,还是本级财政的支出需求,即使短篇报告无法详细列出,但至少可以概要表述。更进一步讲,乡级财政零增长或者负增长,县级财政必然面临陡增的压力,这种情况又该如何化解。同时,乡级财政仅是休养或者节流,并不能从根本上解决入不敷出

自写自评四：《乡级财政路在何方》

的问题，关键还是要开源，而财政收入的来源途径是相对固定的，主要的差别就是每个进水口有没有水、有多少水能流进乡级财政的池子里。所以，在对策建议的部分，往往能够看出执笔者的实践经验和解决现实问题的能力，毕竟每个调研报告除了反映实际问题及其原因，还要体现对问题解决的思路和对策。对初学者而言，受制于实际工作经历不够，在起草建议时，可尽量把握原则性、方向性、思路性，确保宏观层面基本靠谱，对针对性的具体建议，需要非常慎重，不宜求多求新，老药也能治新病。

（写于 2020 年 6 月 23 日）

自写自评五：在纪念抗日战争胜利六十周年上的发言

写作背景和过程：2005年1月起，我参加科技扶贫团，到江西省井冈山市挂职，8月初的时候，接到部里机关团委书记的电话，让我作为青年代表在部里纪念抗日战争胜利六十周年的座谈会上发言，当时确定的另外一位是中信所的青年同志。会议主题很明确，参会人员既有部领导和部内相关单位的司局级领导，又有参加过抗日战争的老领导，还有部系统的青年干部，发言时间大致是八至十分钟，形式和内容基

自写自评五：在纪念抗日战争胜利六十周年上的发言

本上自行确定。那会儿刚到科技部工作一年多，第一次有机会在大会发言，所以基本上没经验，如果换作现在的话，至少要请示一下，这两位青年代表的发言各自如何定位，分别侧重什么角度来讲，以此避免过多的重复。虽然会前机关党委的领导也对发言稿进行了把关，但是写的过程中确实只按照个人的想法来进行。

由于接到任务时还在井冈山，上网收集素材并不是很方便，只能请政府办的同事帮忙借了几本有关抗日战争方面的书，利用业余时间重温一下基本史实。比较有利的是，当时全党上下正在开展保持共产党员先进性教育，重读经典著作的过程中，也对从建党之初到南昌起义、井冈山斗争，再到抗日战争、解放战争的历史有了新的理解和认识，特别是井冈山丰富的红色教育资源，更是令我有了很多受教育的机会。大致有了提纲和逻辑结构之后，逐渐梳理表达的主旨观点和展开表述的主要判断，大致是从反思历史的感受，到抗战精神的体会，再到当下的责任与实践的动力，三个部分的内容相对简单，文字也就慢慢堆起

《文心雕龙》与公文写作

来了。

临近交稿,一直感觉不是很满意,虽然当时的水平有限,但是从现场的发言效果去考虑,文章整体上比较中规中矩。如果换作是研讨会之类的形式,也还说得过去,但是在纪念座谈会上的发言,又是代表年轻人面对老领导、老战士的场合,总是觉得少了点什么。无意间看到台历,上边写着历史上的今天,仿佛一下子点醒我,可以尝试另外一种非常规的开头方式,如下文所示,从历史上的8月作为切入,试图通过回顾的方式,形成强烈的对比,反衬出抗日战争胜利的伟大历史意义,借此烘托出纪念抗战胜利的主题,抬高文章的位势,之后顺势而下,谈对历史、对精神、对年轻一代的认识与倡议。这也是10多年间,唯一一次形式上的创新。2005年8月25日上午,在会议上发言,从现场的效果来看,这次形式上的变化还是给不少人留下了比较深刻的印象。

年轻时,总喜欢给文章起个标题,本文标题是:抗战烽火、振奋民族斗志,和平崛起、践行青春誓言。

原文如下:

自写自评五：在纪念抗日战争胜利六十周年上的发言

今天，我们在这里纪念抗日战争胜利六十周年。首先，让我们从时间的维度回顾历史上八月的几个瞬间。

1945年8月15日，日本宣布无条件投降，抗日战争胜利。

1917年8月14日，北洋政府对德宣战，正式参加第一次世界大战，战后虽为战胜国，却仍受列强欺凌，与日本签订了丧权辱国的"二十一条"。

1900年8月14日，八国联军攻入北京紫禁城，签订"辛丑条约"。

1894年8月1日，清政府对日宣战，中日甲午战争爆发，战败后签订"马关条约"。

不平静的八月，不一样的结果，但却昭示着同一个道理：弱小必被人欺，知耻方能后勇。从另一个角度看，只有在中国共产党的领导下，中国人民才取得了近代历史上民族解放战争的首次胜利。今天，我们在这里纪念抗战胜利，作为一名青年、党员和科技战线上的公务员，到底应该做些什么呢？

（一）牢记历史，常怀忧国之心

前事不忘，后事之师。我们这一代的青年人成长

《文心雕龙》与公文写作

在和平的环境中,未曾经历过战争硝烟的洗礼,也没有感受过艰苦岁月的历练,因而缺乏对抗战历程的感性认识,书本上的文字读起来往往干涩,优越的环境让我们容易淡忘警惕。但是,以史为鉴才可知兴替。环顾国际国内,首先,世界上国家间综合国力的竞争日趋激烈,而我们与发达国家在经济、科技上的差距依然明显;其次,国际敌对势力亡我之心不死,西化、分化依旧存在;第三,我国尚处在体制转型期,一些矛盾仍不可避免。等等这些都告诫我们,必须正视历史,增强忧患意识。

(二)解读抗战,常思兴国之本

八年抗战,我们看到了不分地域、不分老幼,举国上下同仇敌忾的壮丽场面,聆听到舍生忘死、保家卫国团结一致抗击外侮的动人旋律,最为可贵的是我们真切感受着那昂扬向上澎湃激扬的抗日精神。

这是万众一心的精神。在外敌入侵的紧迫情形下,中国共产党人一方面吹响挽救民族危亡的第一声号角,另一方面摒除党派之隙建立了最广泛的抗日统一战线,在日本侵略者面前,中华儿女拧成一股绳,海

自写自评五：在纪念抗日战争胜利六十周年上的发言

内外炎黄子孙结成一条心，爆发出民族抗争的最强音。

这是舍身救国的精神。面对入侵者的铁蹄，从卢沟桥打响第一枪的普通士兵，到上街游行投笔从戎的青年学生，从放倒消息树机智勇敢的儿童团员，到以笔为枪奔走呼喊的作家记者，没有人屈服，没有人退却，用血肉之躯捍卫了民族的尊严。

这是笃定信念的精神。战争之初，日本在经济、军事、科技等方面的实力远远高过我们，而且法西斯三国在整个世界战场上占据优势。但是，中国人民坚信着一定会取得这场正义战争胜利的信念，毫无畏惧，摆脱了"速胜论"的虚幻和"亡国论"的彷徨，最终打赢了这场以弱胜强的持久战。

（三）砥砺心志，常修报国之技

读史，我们可以明心志，但囿于历史，我们无法前行。面对本世纪开局二十年国家发展的重要战略机遇期，我们责无旁贷，面对和平与发展这一永恒的主题，我们还需不断磨砺，增强报效祖国的本领。

首先，沉心学习。面对纷繁复杂的国际形势和日新月异的科技发展态势，我们必须不断加强学习才能适应工作的需要。一是要加强政治理论学习,坚持在保持共产党员先进性教育活动中养成的良好学习习惯,始终坚定共产主义理想信念,学会用马克思主义的立场、观点和方法分析问题。二是要不断加强业务知识的学习,统筹学习自然科学和社会科学的知识,提高综合素质。三是要耐得住读书的寂寞,牢记"学如逆水行舟,不进则退"的古训,抓紧用好一点一滴的时间,提高学习效率。

其次,静心思考。学何以致用?关键是思考。换言之,就是要通过思考把学习到的知识转化为本领。大量的政治理论和业务知识,我们既要细心研读,更要认真思考,学会对复杂问题进行整理、归纳、提炼的本领,增强提出、分析、解决问题的能力。通过与同事、专家和普通群众交流,正确分析和吸收别人的意见、特别是不同意见,真正做到学以致用。

第三,潜心实践。对青年同志来说,加强实践、特别是在艰苦的工作中实践,是非常必要的。首先,实践是检验真理的唯一标准,只有在实践中运用理论才能辨其真伪、掌其要义。其次,青年人通过实践拥

自写自评五：在纪念抗日战争胜利六十周年上的发言

有了一个施展才华的舞台，可以在广阔的空间中创造出无悔青春的业绩。我是在高中时入党的，从大学读书到行政学院培训，再到在科技部高新司工作，我觉得最令我受益匪浅的还是两次挂职经历：一次是在陕西省的乡镇挂职九个月，另一次是今年在井冈山挂职扶贫。正是这样一种经历，让我知道了革命的艰辛和农民的质朴，更教会我做人、做事的道理。

缅怀抗战，直面未来，重任在肩。让我们常怀忧国之心、常思兴国之本、常修报国之技，扬起科技的风帆，为人民幸福、国家强盛、民族兴旺贡献勇气、智慧和力量。

自评：

十五年弹指一挥间，感叹岁月不待人之余，忽然有个想法，假如是现在让我写同样题目的文章（今年是抗战胜利七十五周年），又会是怎样的过程和结果。从这个角度来切入，看看当初和现在的异同。

《文心雕龙》与公文写作

（一）解题

其实前面的假设也有一个问题，就是如今的我肯定无法代表青年同志发言了，若是从四十岁的位置去谈，必然与年轻时有诸多不同，姑且就拿不同的两个年龄时点来做对比吧。从对题目的理解来说，纪念抗战胜利肯定是核心要素，当初缺少对科技工作的认识和理解，所以更多侧重对历史的认知与感受，结合自身经历，能引述的也就是基层挂职。而今天去看这个题目，必然会延展到科技领域，一方面是抗日战争中军事科技水平的差异，导致我们从最初的被动挨打，到依靠顽强的意志，最终化危为机；另一方面是当今在贸易、产业等诸多没有硝烟的斗争中，科技已经成为关键因素和主战场。这一解题角度的差别，其实体现的是执笔者经历、经验的变化，因此年轻时说些符合年龄阶段的语言，既能写起来得心应手，避免对不熟悉内容的运用障碍，又能体现自身特点，纵使有些话今天看起来有些青涩，甚至稚嫩，但可以真实地体现青年人思考和认识问题的独特视角。当时解题的最

自写自评五：在纪念抗日战争胜利六十周年上的发言

大遗憾就是没有站在科技部青年干部的位置来切入，换言之，除了结尾处有点科技特色，整篇的其他内容放在其他的座谈会上也基本可用，如此就缺少了与发言场合的相关性。

（二）谋篇

全文的划分上，基本沿用了总分总结构，其中第三部分的第一条，还有进一步的层次分解。大体来看，似乎并无明显问题，但是前两部分的内在关系其实存在很值得深究的地方。第一部分虽然是对历史反思，但内容上其实既有过去又有现在，至少时间跨度上很大，所要表达的内涵也有以古鉴今的意思。第二部分则完全是对抗战精神的重新解读，所有内容基本边界比较清晰，甚至没有引申到其对今天的影响上来。这样来看，两部分之间在布局上就有所冲突和交叉，加之第一部分的篇幅极短，所以形式上也不匹配。如果是现在动笔的话，至少前两部分可以合并，重点来写抗战精神的历史价值和现实意义，从对其的解读中得出传承和弘扬这种精神的强烈意愿。第二部分可以增强对当前国际国内形势的认识和体会，重点是谈中国走向大国、强国的路不会是一帆风顺的，总会面临内外部的风险挑战，需要继续坚定信念、信心，继续秉承抗战所孕育的斗争精神。第三部分大致可保留现有的定位和内容。如此，或许比当初的结构更显合理。

（三）逻辑

客观地说，这篇文章并没有清晰的逻辑主线，虽然当年写出来自我感觉良好，但今天细读，加上努力回忆写时的想法，确实很难发现其中的逻辑关系，也就是纪念抗战胜利到底对科技部青年干部产生什么样的影响，或者说为什么要开座谈会，要有青年代表发言。如果是在此文的基础上修改，那么第一件事，可以把历史上的8月向后延展，找到新中国成立后几个标志性的成功案例，再之后可以是近两年我们面临的外部挑战，如此可以有更加宏观的场景来衬托抗战精神的重要价值。之后如果还用"三段论"，那么可以是历史反思、时代内涵、岗位建功的老套路，而且，围绕纪念抗战、应对现实挑战、科技战线青年人的报

自写自评五：在纪念抗日战争胜利六十周年上的发言

国责任来展开论述，每一部分都聚焦在主线上，这样的话，第一部分可以增加青年爱国学子投笔从戎、后方支援、奔向延安等内容，反映出当时危亡之际，青年人誓死报国的决心和行动，第二部分也可补充青年科技人员在科研、技术推广、国际合作等一线的实践典型，由此自然过渡到第三部分的铮铮誓言和自觉行动。

（四）文风

时隔十五年重读，忽然发现一处明显的谬误，1900年八国联军确实攻入了北京，但是《辛丑条约》是第二年才签订的，尽管史称庚子赔款，可此处的表述确实用错了，诚如《指瑕》篇所言：巧言易标，拙辞难隐，斯言之玷，实深白圭。这样的错误，竟然明显地留存如此长的一段时间，果真是放得越久，看起来越像是白玉上的污点，愈加刺眼、醒目。由此体会到，写东西不容易，写得好更难，而写得好又无瑕疵真的是难上加难了，既需要创新力，文章能够推陈出新，又需要坚韧力，花工夫去推敲打磨。延伸到文风，

《文心雕龙》与公文写作

青年人的发言稿确实可以有点文采,或者接地气,或者用两句网络语,但是要考虑听众的接受程度。假如都是青年同志参加,那么会显得状态放松,容易引起同龄人的共鸣;但若是老同志、老领导居多,则引用战争同期的经典诗词或者名言,可能更会符合现场的气氛,调动听众的心弦与回忆。当然,淳朴、言之有物的文风,始终是最佳的选择,平淡、写意的手法或许寓意和表达更有深度与内涵。

(写于2020年6月27日)

后　记

《文心雕龙》共50篇，以个人浅见，创作论的20篇与公文写作或许联系更近一些，加之能力和水平有限，对其他篇目的感悟不太深，一时也难以从中找到与公文写作的关联，所以本书重点围绕创作论谈了些许体会。

当初报考公务员准备申论考试的时候，看了几本有关公文写作的辅导书，对入门者而言，确实帮助不小，但是到了工作实践之后，更加渴望找到有针对性的教材或者指导性书籍，只不过一直未能如愿，偶尔有机会听听辅导讲座，茅塞顿开之时，却又感到无从下手之困，逐渐感觉是师傅领进门、修行在个人。正如此，逐渐试着总结一些写作中的问题、困惑、方法、技巧之类，既可以自用，又可以与年轻同事分享，尽量少走些弯路吧。碍于是一家之言，难登大雅之堂，

《文心雕龙》与公文写作

也就迟迟没有系统归纳总结,不过心里总是惦记能记录成册。

疫情之故,意外之机,借着《文心雕龙》的谋篇布局和逻辑思路,将十几年的公文写作片段归置一番,由于动笔时并未想过要成书,所以难免有些凌乱、琐碎,敬请谅解。若是能对青年公务员在公文写作时有点滴参考之处,且不负半年笔耕不辍之辛。

2019年9月,曾赴江西出差10天,在从南昌去吉安的路上,填了首《行香子》,以此作为对青年公务员的建议,读读古诗词,或许对写好公文有些帮助。

赣水秋驰,云拢匡庐,三访分宁两瓷途。

宜春且驻,悄慕新余,

幸逢鸿熙,守鸿业,志鸿鹄。

罗霄轻赋,虔城稀土,夜过安源凤鄱湖。

信州政智,心仰雩都,

盼国吉安,民吉顺,运吉福。

2020 年 10 月